北京航空航天大学（原为北京航空学院）

一系系馆，陆士嘉曾经在这里教书

陆士嘉、张维订婚照（1937 年）

女儿张克群、儿子张克澄于清华大学礼堂前（1951 年）

张维、陆士嘉入党后全家合影（1956 年）

左起：张克群、高晓江、张克澄、张维、高立人、高晓松、陆士嘉（1972 年）

左起：高晓江、张克群、陆士嘉、高晓松，在 10 公寓门口（1974 年）

陆士嘉、张维及儿子、女儿在 10 公寓门口（1982 年）

左起：张姗姗、高晓松、陆士嘉、高晓江（1977 年）

北航三位奠基人（1953 年）
左起：沈元、陆士嘉、徐华舫，在北航风洞试验室工地

在第一届全国人大代表大会上（陆士嘉在浙江省代表团）（1954 年）

会议休息期间
左起：张贵连、陆士嘉、沈元

在科协的会议上，左起：庄逢甘、陆士嘉

北航陆士嘉实验室揭幕仪式

北航士嘉书院 2017 级本科生开学仪式

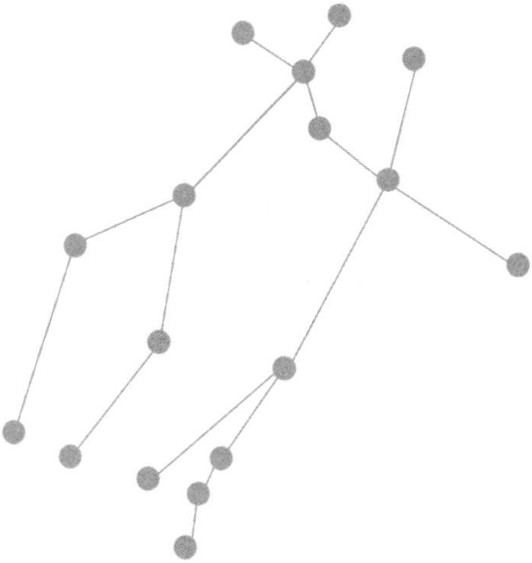

FEIXIANG

LUSHIJIAXIANSHENG

飞翔

陆士嘉先生

张克群◎著

北京航空航天大学出版社
BEIHANG UNIVERSITY PRESS

图书在版编目（CIP）数据

飞翔：陆士嘉先生 / 张克群著. -- 北京：北京航空航天大学出版社，2019. 11

ISBN 978-7-5124-3130-0

Ⅰ. ①飞… Ⅱ. ①张… Ⅲ. ①陆士嘉（1911-1986）—生平事迹 Ⅳ. ① K826.11

中国版本图书馆CIP数据核字(2019)第216686号

飞翔：陆士嘉先生

出版统筹：邓永标
责任编辑：曲建文　李　帆
责任印制：秦　赟
出版发行：北京航空航天大学出版社
地　　址：北京市海淀区学院路 37 号（100191）
电　　话：010-82317023（编辑部）010-82317024（发行部）010-82316936（邮购部）
网　　址：http://www.buaapress.com.cn
读者信箱：bhxszx@163.com
印　　刷：北京紫瑞利印刷有限公司
开　　本：880mm × 1230mm　1/32
印　　张：7.25
字　　数：149 千字
版　　次：2019 年 12 月第 1 版
印　　次：2019 年 12 月第 1 次印刷
定　　价：56.00 元

第一流人物对时代和历史进程的意义，

在其道德品质方面，

也许比单纯的才智成就方面还要大。

即使是后者，

它们取决于品格的程度，

也远远超过通常所认为的那样。

——爱因斯坦悼念玛丽·居里致辞

听妈妈讲那过去的故事

妈妈领着年幼的我和妹妹在颐和园长廊，仰着头讲每一幅画的意义。在每一座有对联的古老房子前面读那些抑扬顿挫的文字。在门厅回廊间让我们猜那些下马石和拴马桩的作用，并从那些静止的物件开始讲述无比生动的历史。

那些颓败但深蕴的历史告诉了我和妹妹世界之辽阔、人生之倏忽，而美之永恒。

妈妈从小告诉我们的许多话里，迄今最真切的一句就是：这世界不止眼前的苟且，还有诗与远方——其实诗就是你心灵的最远处。

在我和妹妹长大的这么多年里，我们分别走遍了世界，但都没买过一尺房子，因为我们始终坚信，诗与远方才是我们的家园。

妈妈生在德国，长在中国，现在住在美国。读书画画、考察古建，颇有民国大才女林徽因之风(年轻时容貌也毫不逊色)。那时梁思成与林徽因两先生在清华胜因院与我家比邻而居。妈妈最终听从梁先生建议读了清华建筑系而不是外公希望的外语系，从此对古建痴迷一生。妈妈中西建筑融会贯通，家学渊源又给了她对历史细部的领悟，因此才有了这部有趣的历史图画(我觉得她画的建筑不是工程意义上的，而是历史的影子)。我忘了这是妈妈写的第几本书了，反正她充满乐趣的写写画画总是如她乐观的性格一样情趣盎然，让人无法释卷。

妈妈从小教我琴棋书画，我学会了前三样并且以此谋生，第四样的笨拙导致我家迄今墙上的画全是妈妈画的。我喜欢她出人意表的随意创性。这也让我在来家里的客人们面前常常很有面子——“这画真有意思，谁画的？”“我妈画的，哈哈！”

为妈妈的书写序想必是每个做儿女的无上骄傲。谢谢妈妈，在给了我生命，给了我生活的道路和理想后的很多年，又一次给了我做您儿子的幸福与骄傲。我爱你！

高晓松

序　言

2004年初夏，正是杨柳青青近却无的季节，我，我丈夫黄二陶和我弟弟张克澄，我的一儿一女高晓松、高晓江，弟弟的大女儿张姗姗等六人带着爸爸妈妈的骨灰和在照澜院买的一束红玫瑰花，来到清华园一湾水池边。池中的荷叶还没露出尖尖的角，水面上只漂浮着一片片翠绿的睡莲叶子。粉红色的莲花静静地依傍在叶子边上，一派平和。我指着汉白玉罗锅桥的东侧建议道："就在这里怎么样？""好啊。"弟弟同意了。

妈妈曾在遗嘱中说，要把她葬在圆明园的湖里。爸爸也明确表示不要墓地。"一人占一块地，再过若干年，地球就成了大坟场了。再说，你们还记得墓地在哪里，你们的孩子就未必记得了，孩子的孩子呢？"爸爸如是说。

遵照父母的意愿，我们决定将妈妈的骨灰从八宝山取回来，把爸爸的骨灰从玉兰树底下起出来，合在一起，掺上玫瑰花瓣撒在水里。

仪式开始了，我们找了个枝叶繁茂，又带着一朵莲花的去处，每人抓起一把骨灰，再加几片鲜红的花瓣，带着一丝怀念，些许忧伤，将他们慢慢地撒在水中，一边口中念念有词道：“爸爸妈妈(爷爷奶奶，外公外婆，张伯伯张伯母)，愿你们在洁净的湖水里与花为伍，结鱼为伴，好好休息，尽情享乐吧。”

那些灰听话地纷纷扬扬钻入水里不见了，只有花瓣漂浮在湖面之上，久久不曾散去。

是夜星光灿烂。

天空中多了两颗明亮的星。

张克群

目　录

第一章

生逢乱世　苦难童年

北京宣武门外菜市口附近，有一条名叫南半截的胡同。绍兴会馆就坐落在这条胡同的7号。在南城众多的外省会馆中，它算是比较小的一个，加上来往的人都操着比英文、德文也好懂不了多少的方言，令当地很少有人跟里面的人有什么交往。要不是后来鲁迅先生曾在这里住过一阵子，恐怕除了一些绍兴人和毗邻而居的人以外，一辈子也不会有人知道它。它与世无争地钻在胡同深处，恪尽职守地接待着南来北往的绍兴籍人士。即使是1911年，震惊中外的辛亥革命之年里，也没让它显出与往日不同的景象来。

这一年的初冬，寂静的小院还在干冷的清晨中酣睡，门房的老吴突然被一阵“嘚，嘚，嘚”的马蹄和车轮声惊醒。侧耳听了片刻，那声音分明是朝这边来的。就在老吴边嘟囔边穿棉袄时，那声音却戛然而止，像是停在院门外。"咦，格似撒宁啦？"老吴用绍兴话在心里嘀咕着，睡眼惺忪吱吱呀呀地打开了厚重的大门。只见门口有四辆四轮大马车，赶车的几个灰头土脸的汉子各个东倒西歪疲惫不堪，车篷顶上积着一层厚厚的黄土，显然是从老远的地方来的。

老吴走下台阶，正待张嘴问最前面一个赶车人，只见从车里下来一位40多岁身着重孝的老爷模样的人。他朝老吴点了一下头，没顾上说话，就快步走向第二辆车，向里面说了句："阿嫂，我们到了。"然后，和赶车的一起搀下一位30多岁的妇人。那老爷再次向妇人说道："阿嫂，我们到了，这就是绍兴会馆。"

娇小而清瘦的女人苍白的脸上露出一丝如释重负的微笑，一双天足穿着戴孝标记的白鞋。她对对方说道："看看后面车里你的侄子们，看他们醒了没有。"就向大门口慢慢走去。

老爷模样的人对车夫吩咐了一句，便赶紧扶着妇人一起向被冷落在一旁目瞪口呆的老吴走过来。

"这位，"老爷模样的人开口说道："我们是从山西太原过来的，是严兴缪严先生介绍来投奔绍兴会馆的。"

"噢，严老爷介绍来的。好，好。那你们跟我进来吧。夸低(快点)，外面吓奇冷各。"老吴显出了前所未有的热情，他知道，严老爷是会馆的大股东，掏钱很爽快，也常常介绍一些有地位的人来这里投宿。尤其是那人也操着令他听着舒服的绍兴话，让老吴觉着回老家了似的。毕竟好长时间没人来了，老吴有些闷得慌。

后面的车里陆续下来一男一女两个仆人模样的人，男仆牵着一个10岁的、一个5岁的男孩；男孩子们头上都缠着白布，显然也是在戴孝，那女仆两手抱着包裹得严严实实的襁褓。一行人在老吴的引导下，来到了前院倒座房的一间屋里。一番交涉后，便被安顿到第二进院子的东、西厢房住下了。

回到门房后，老吴就纳开了闷："格一家是啥个人哪？怎么全都戴孝啊？那女人和小孩戴孝，大概是当家的不在了。可那位老爷，好像是孩子们的爷叔，他怎么也戴孝呢？有给阿哥戴孝的吗？"

老吴啊，你有所不知啊。这是一场特殊的惨剧。在那场惨剧中，那三个孩子的父亲和他们的爷爷，竟然在同一天，突如其来地死在同一个人的枪口下。

事情还要从浙江道台陆钟琦调任山西巡抚说起。

1911年，初春的江南，片片桃花点缀着嫩绿的大运河畔。一队豪华的车马沿着河边的古道向北缓缓而行。第四辆马车里，30岁左右的清秀少妇施桐君一手揽着10岁和5岁的儿子，另一手不停地抚摸着大大的肚子。她虽然大门不出二门不迈，也知道清朝气数将尽：日本留学归来的丈夫，一个巡抚的儿子，还是个三品官，竟也积极地投身到这摧枯拉朽的事业里去了，那大清国还能不完吗？可她那无限忠于大清王朝的公爹陆钟琦，这会儿竟然还迂腐地捧着清政府的任命书，带着一家老小远赴千里之外的山西巡抚任。"唉，万一肚里的孩子生在半路上，丈夫又不在身边，出了事情可怎么办？"她不敢想下去了。虽然办事周到的公爹带了一名产婆、一名奶妈和她正吃奶的孩子小栓子一同上路，她还是挺紧张的。

车子走了一个星期，在苏州知府衙门(知府是陆钟琦的学生)休息了两天就又开拔了。谁知刚离开苏州不到半天，施桐君的肚子便一阵紧似一阵地痛个不停。产婆不敢怠慢，赶紧跑到老巡抚的车旁："老爷，不好了！大少奶奶恐怕是受了颠簸，快要临产了！"

陆钟琦眉头一皱，连车都没停便探出头来大声吩咐道："快，赶紧回苏州知府衙门。不是说还有二十来天的吗？怎么就要生了呢？"

"驾！驾！驾！"急促的赶马声中，一行人又回到了知府衙门。一阵忙乱之后，陆士嘉便诞生在苏州知府衙门的内宅——狮子林里。按照规定好的排行，爷爷给起了个名字：陆秀珍。那一年是辛亥年，1911年的3月18日。

三个月后，陆巡抚带着随后赶来的二儿子陆敬熙一家、产后康复的大儿媳和新得的小孙女秀珍以及几个孙子、仆人等一行人马，在辛亥革命的枪炮声中继续北上。陆钟琦虽然政治上迂腐，但人品廉正(《二十四史》里的评价)，乍到太原任上，一不拜当地豪绅；二不吃大小筵席，而是忙着组建和训练新军。

看看到了8月，天气热了起来。几个孙子、孙女不适应北方的燥热，一个个闹起了病。陆钟琦对二儿子陆敬熙说："去把你大哥从顺天府(北京)叫来吧。我看他那三品编修当得太清闲，不如到我这里来干点正经事。他在日本学的是陆军，可以帮我训练军队。再说他新添了个女儿，也该来看看啦。"

陆敬熙遵从父命来到顺天府，见到哥哥陆光熙，如此这般一说。陆光熙不敢怠慢，第二天就在衙门告了假，跟着弟弟去了太原。陆光熙是个大孝子，当年父亲生病，不知哪个烂大夫出的馊方子，说熬药需用人肉做药引子，他竟然几次割下自己腿肚子上的肉，为父亲合药！他在日本留学时认识了同盟会的人，算是参加了革命，也想借此一行说服老爷子归顺同盟会。

9月6日，兄弟俩到了太原。拜见完父亲和母亲唐氏后，陆光熙赶紧回到妻子住的厢房。娇小的妻子兴冲冲地把不到半岁的女儿递到他手里。看着这个白白嫩嫩的小女娃，陆光熙心里真是高兴：前面有两个儿子了，他早就盼着有个女儿，终于如愿了。小陆秀珍那会儿已经有点认人了，她伸出小胖手好奇地揪着爸爸的两撇大胡子，逗得爸爸哈哈大笑。大儿子上前摸着爸爸放在桌上的帽子问："阿爹，你是什么官哪？"

二儿子怯怯地站在一旁，被妈妈催着叫阿爹。可当爸爸的心思已经不在孩子们身上了，对孩子们的声音竟是充耳不闻。他一上一下地在腿上颠着小女儿，看着她软软的头发，心里却在琢磨着明天如何与父亲谈革命的事。父亲是大清的忠臣，让他反叛朝廷，可不是件容易的事。他在路上已听弟弟说起，同盟军攻打武昌之时老爷子就曾表示：太原如被攻下，我将死在任上。母亲亦曾对弟弟说道：汝父死吾亦死。弄得不好非但劝不成父亲顺从革命，反倒要父子反目、兄弟成仇了。于是他费了几乎一晚上的口舌，动之以情、晓之以理地劝得弟弟答应站在自己一边。兄弟俩打算第二天早上一同去说服父亲。即使这样，光熙心里也没有几分胜算。

果不出所料，陆钟琦一听要他投降革命军便勃然大怒。他先从祖宗八代的业绩说起，又谈到忠孝仁爱礼义廉耻，滔滔不绝训得儿子几次三番要说话，却插不进去嘴。

正争论着，忽听前院嘈杂之声大起。父子三人起身出门观看。说时迟那时快，只听得“噔噔噔”脚步声大作间冲进一彪人马，领头的正是老爷子手下新军的一个标统(相当于团长)阎锡山。只见他手举盒子枪，嘴里喊着：

“就是这个清朝的老狗，妈巴子的一个浙江人，跑到俺山西地界儿来啦，弟兄们，给我把他崩了！”

老爷子的仆人李庆云大声喊：“别！别！”急忙前去挡驾，“呯！”的一声枪响，他应声倒在血泊里。老巡抚一手拽着老李的衣襟，一手指着阎锡山，脸红脖子粗地喊道：“你，你要造反不成？”

话音没落，又是几枪乱射。就这样，前来劝说革命的儿子和被劝说的老子竟然同时饮弹身亡，弟弟陆敬熙腿上也中了一枪，倒在了血泊中。

在堂屋杀完了人，这些人又跑到内室连抢带夺。老巡抚的夫人唐氏抱着二儿子陆敬熙的孩子，可怜老太太还没闹清楚怎么回事，祖孙俩就同时丧命枪下。被打死的还有4名男仆和2名女仆。所幸除陆光熙的大儿子陆唯一腿部中了一弹外，施桐君和陆士嘉、二儿子陆湘生等人，被听见动静的卫兵带着逃到后院，藏在假山石后面，幸运地逃过了这一劫。除了大大地惊吓了一番，倒是毫发未损。

待到大兵走后，遭到飞来横祸的人们号哭着，悲痛地掩埋尸体、处理伤者、收拾残局，忙了好几天。别人倒也罢了，最受不了的就是施桐君了：丈夫去日本留学好几年，好不容易盼回了国，却又远在京城当官做事。只说是这一次一家人总算团聚了，不料就这样突然地离她而去了，永远地去了。在巨大的打击下她病倒了，躺在劫后的房间里不吃不喝。才6个月的小女儿受惊哭喊，受伤的大儿子辗转呼叫，她都顾不上了。小秀珍全靠奶妈的悉心照料，才慢慢安静下来。

幸好新军没有再次前来骚扰，她们得以静养了一个多月。这期间，眼看臀部和龙椅就要分家的小皇帝溥仪居然还颁了诏书，表彰忠臣陆钟琦。可谁有心思理这张没用的废纸啊。摆在面前的现实是老巡抚已去，周围都是阎锡山的军队，巡抚衙门不是久留之地呀。陆敬熙几经周折，好不容易和一个在北京的朋友联系上了，决定去京城的绍兴会馆暂栖一时再做打算。

一个秋凉的早晨，在陆敬熙的带领下，一行人凄凄惨惨地离开这个伤心之地，翻山越岭、千辛万苦地来到北京，住进了南半截胡同。

第二章

孜孜不倦　勤奋读书

在绍兴会馆过了几年之后，施桐君的弟弟施今墨应邀到北京来当香山慈幼院的副院长。他知道了姐姐一家的不幸，便省吃俭用攒了些钱，在西单附近的未英胡同给姐姐买了一所小院子，尽其所能地资助她们孤儿寡母。施桐君和三个孩子在几年的颠沛流离后，总算有了自己的家，一个安稳的家。

施家在浙江萧山也算是大户人家了。提起萧山施家，当地有一半人都知道。陆士嘉的舅父施今墨，原名施毓黔，13岁时跟着舅舅学习中医。后因时局动荡，行医艰难，一度改学法政。先后就学于山西法政学堂和京师法政学堂，曾追随黄兴先生参加辛亥革命，因有感于官员的争权夺利、尔虞我诈，而对革命大失所望，感慨道："不为良相，则为良医。"从此弃政从医，并改名施今墨，以纪念他的出生地贵州。

1915年，孙中山先生在京卧病，施今墨大夫应邀参加会诊。1921年以后，施今墨靠着早年学医的底子和自己的勤奋与聪明，逐渐有了名声。

待到经济允许，他又在翠花街6号给寡居的姐姐买了一套两进的大院子。陆光熙的一个老朋友还不时地汇些钱给她们，这样一来，日子过得还算可以。

1930年，施今墨大夫出诊西安，给杨虎城将军诊病，药到病除，载誉而归。但那时中医很不得势，甚至有一派政界人士扬言要取缔中医，这派人的代表便是汪精卫。谁知事有凑巧，汪精卫的岳母病了，看遍西医也没治好。有人向他推荐了施大夫，结果药到病除。这下汪某人非但不嚷嚷取缔中医了，反而在他的力主之下，1935年，国民政府颁布了中医条例，规定了中医师的考核办法和立案手续。这就等于正式承认了中医的合法地位。北平第一次举行中医师考

陆士嘉与二舅一家（1952年）
左起：施月秀、施如雪（现名施小墨）、陆士嘉、施今墨、施稚墨

核时，施今墨、萧龙有、孔伯华、汪逢春四位当时享有盛名的中医被任命为主考官。自此一事，遂有“四大名医”之说。

这以后，施今墨逐渐加大了支援姐姐的力度，帮助大外甥陆唯一赴法国留学，并亲自教授二外甥陆湘生学习中医，还曾送他去日本学西医。

施桐君年轻守寡，心情郁闷加上无所事事，打麻将成了唯一消磨时光的嗜好。施今墨不好此道，但为了让姐姐开心，他不但牺牲自己的时间来陪打，还有意输牌让姐姐高兴。

施桐君每日不是打麻将就是摸牌九，后来干脆抽上了鸦片，对孩子们不闻不问。两个哥哥都上学了，没人跟陆秀珍玩，她就常常待在奶妈的屋里，听奶妈给自己和她的孩子小栓子讲故事，一听就是一整天。奶妈也不知哪儿来的那么多侠客的故事，让她听得特入迷。

听故事并没耽误正事，6岁那年，陆秀珍以第四名的好成绩，考上了当时北京最好的小学——北京师大一附小。

那时北京最有名的小学，有人说是成立于1909年，位于西单二龙路的师大二附小；也有人说是成立于1912年，位于琉璃厂的师大一附小。许多生长在北京的名人，都是从这俩师大附小毕业的。著名作家林海音、颜一烟；科学家钱学森、马大猷；原外交部部长吴学谦、指挥家李德伦等，当然还包括张维、陆士嘉，都曾受业于这两所学校。

上了师大附小后，陆秀珍认识字了，于是找来《大武义》《小武

师大一附小建校 70 周年时陆士嘉与表妹颜一烟在教师楼前（1982 年）

义》《七侠武义》等，放学做完功课后就一头钻进武林世界，看得眼睛都近视了，还天天晚上在灯下戴着小眼镜抱着书不撒手。她常常幻想自己是一名武功高强的女侠，云游四海，杀富济贫，行侠仗义。

既然想当侠客，就得会武功。可学哪门功夫呢？经过比较，陆秀珍认为定身法比较好，一是好练，也不用拜师傅，每天在米缸里戳戳手指头就行了；二是有用，只要手指头朝谁悄悄一指，那人立刻就定住不动了，然后要干什么还不就随你便了吗？决定了，立即开练。每天下午等到厨子老萧开仓门进去打米，她就吱溜一下从魁梧的老萧身后跑进来，急忙用右手的食指在米缸里哆哆地戳开了。直到老萧催了好几遍，才恋恋不舍地出来。就这样锲而不舍地练了半年多，手指头都戳得由红变白了。

这一天是星期天，施今墨又来陪姐姐打牌。陆秀珍心里想：“要做试验这个机会最好，万一妈妈真被我定住了，反正有当大夫的舅舅呢，出不了大娄子。”

趁着人们洗牌的工夫，陆秀珍悄悄走到她妈妈身后，用右手食指朝她后背“噗”的一指，谁知等了好几秒钟，竟然什么动静也没有，妈妈照旧哗啦哗啦地洗牌。陆秀珍集中精力又指了一下，还是没效果。“唉，看来是功力不够。练一门功夫敢情不那么简单哪！”

定身法没练成，她又想到飞檐走壁，这可是杀富济贫必备的功夫呀。不过，首先得在地上跑快了，上得墙来才能身轻如燕吧。想通了此节，她开始练跑步。老师看她个子虽小，跑得还不慢，就让她参加学校秋季运动会的60米赛跑。陆秀珍挺高兴地回家跟二哥说了。

二哥是个大喇叭筒子，三广播两广播地让施桐君听到了。这天她手气好，打麻将赢了钱。一高兴，让家人杨二带着陆秀珍上西单买了双新皮鞋，说是在运动会上穿。新皮鞋在床底下睡了好几天觉，陆秀珍也兴奋了好几天——长这么大，还是第一次拥有一双皮鞋哩！她不时地把脚伸进去再脱下来，要不就是用块软布擦鞋上的土。

比赛的日子终于盼到了，陆秀珍穿上洗得白白的袜子，蹬上崭新油亮的黄色牛皮鞋，闪亮登场了。她挺胸抬头往起跑线那儿一站，嘿！真是精神抖擞斗志昂扬。“嘭”的一声枪响，陆秀珍一马当先冲将出去，耳边只听得“小豆，加油！小豆，加油”的喊声。怎奈脚下的鞋子太硬，又不跟脚又不给力。旁边的身影一个个掠了过去，急得她越发挥动着胳膊倒腾着腿。忽然脚下一蹩，踉跄了几下，“啪嗒”摔了一个大马趴。陆秀珍赶紧爬起来，不顾鞋子已然失落了一只，膝盖也划破了，在全场的掌声中坚持跑到了终点，虽然是最后一名。老师同学都跑来安慰她，陆秀珍倒是没把名次放在心上，只是有些心疼新皮鞋。回家后，她抚摸着新鞋上划出的道子，自言自语道：“唉，当女侠也太难了。”从此以后，就绝了当女侠的梦。

武功没练成，杀富是别想了，可济贫不是什么难事。在她家胡同口老有一个30多岁的妇人带个5岁的女孩在讨饭。听人说孩子的父亲在一个什么工厂被机器给压死了，孩子的母亲没了生计，只好讨饭。陆秀珍每次看见她俩，不是舍出自己原本不多的零花钱，就是跑回家去拿个馒头。施桐君抱怨道：“都是你招的，那两个叫花子都快长到咱们家门口啦！”

陆秀珍依然故我地周济那可怜的母女俩。这习惯一直伴随着她，甚至遗传给了孩子。

有一年冬天好久没看见她们了，陆秀珍也念叨了好久：“她俩哪儿去啦？可别是冻死了，成了倒卧了吧。”

光阴似箭，日月如梭，一转眼，陆秀珍9岁了。快过年的一天，妈妈带上她和哥哥们出门，说是要置办点年货。出了胡同，刚走到大街上，就看见一个算命的盲人。他的摊子上挑着块布，上书“奇人张铁嘴”五个大字。施桐君叫停了洋车，想了想，就问那盲人道：“哎，我说那张铁嘴，你起了这么个好听的名字，算得准吗？”

“哎呀这位太太！”盲人翻了翻白眼，眼尖的秀珍一下子就看见他那白眼球里闪过一下黑眼珠。“您打听打听，我张铁嘴什么时候说走过嘴！”说着，又翻了翻连白带黑的眼球。

“那你给我算算，我命该如何。”施桐君下了车，坐在摊前道出生辰八字。

那盲人捏着三根手指，口中念念有词了一番，然后故作惊喜道：“啊呀太太呀，您可是位贵人哪！不但命贵，还有贵人相助。”然后又放低了声音：“可惜呀，命里犯小人。您的灾难都是他带来的。”

施桐君忙问：“谁是小人？”

盲人闭起眼摇了摇头：“天机不可泄露，天机不可泄露呀！”

“那怎么办呢？”

“远离小人，远离小人。”

付了钱，施桐君也不办年货了，对车夫说了句：“回家。”

两个孩子看着母亲凝重的脸色，不敢问什么，也跟着回了家。

一进门，让仆人沏了壶茶，施桐君端着茶碗就琢磨开了：谁是我命里的小人呢？想来想去，自己30岁丧夫乃是最大的灾难。对，就是这个小女儿闹的，她一生下来，天下就大乱，她爸爸也死了。可我怎么才能远离她呢？究竟是自己的孩子，总不能给扔大街上吧？送孤儿院？也不行，弟弟知道了还不跟我急。思考良久，终于想出了一个办法：以生活有困难为名，把秀珍送到她三叔家。

自从到了三叔家，陆秀珍就受了罪喽。在自己家里，虽然妈妈一直不喜欢，可总是自己的家呀。再说还有奶奶和小栓子，还有哥哥们，还有小狗欢欢。而且自己一人住一间屋，虽然不大，到底属于自己，晚上看个书什么的，爱看到几点都没人管。叔叔家只有那个整天不笑的婶婶，还有个跟自己年纪相仿、住在一间屋的堂姐秀如。一有点儿什么不对脾气的事，她就边扔枕头边喊："去！回自己家去！别住我们家！"

每到这种时候，陆秀珍就整晚上地把脑袋捂在被窝里哭。一边哭，一边想："妈妈老说爸爸是我给妨死的。难道爸爸真是我害死的吗？可听叔叔和舅舅说，他是被阎锡山的军队开枪打死的呀，有我什么事呢？"又恨那个胡说八道的假盲人。有时候还想："爸爸要是活着，一定会很疼我吧？那我就不用住在叔叔家了。"她朝着黑黑的天花板悄悄地叫道："爸爸，爸爸。"眼泪又流了下来。就这样常常哭着哭着就睡了，第二天只好带着肿肿的眼泡去上学。

陆秀珍的堂姐功课不好，常常挨叔叔数落。在批评她的同时，叔叔还要表扬陆秀珍道："我说秀如，你看人秀珍，啊！门门功课考第一。哎我就纳闷儿了：一样吃，一样喝，不缺胳膊不缺腿的，你怎么就比不过人家呢？"

不笑的婶婶甚至会把陆秀珍拉到她身边说："你再不好好念书，我可要认秀珍当我亲闺女啦。"

逢到这时，陆秀珍就觉得腰杆子似乎直了许多，也就更下定决心好好念书，在总是欺负她的堂姐面前保持点优势。

12岁时，陆秀珍和小学时的闺中密友林华宝一起考上了当时北京最好的中学师大附中。教语文的李老师特别好，她不但满腹经纶，

灯下苦读

而且讲课深入浅出，引导她爱上了文学。从李白、杜甫、辛弃疾到鲁迅、拜伦、大仲马，陆秀珍像一块海绵似的贪婪地吸取着知识。她尤其喜欢辛弃疾的词，喜欢他的豪放和他生动的想象力。你看那首《西江月 · 遣兴》的下阕：

“昨夜松边醉倒，问松‘我醉何如’。只疑松动要来扶，以手推松曰‘去’！”

笔下活生生一个东倒西歪的醉鬼，多形象啊。当然，陆放翁的词她也喜欢。陆秀珍甚至用不多的零花钱买了一个精致的本子，把喜欢的诗词都抄了上去。自己也试着写了不少诗，这种爱好在以后的日子里一直保持着，凡有重大事情，便与妯娌(张度之妻贺又新)联诗对句，颇有章法。不过那只是偶尔为之罢了，从未给别人看过，更没想过发表。

陆秀珍的三叔办了一家报纸，叫《民强报》。专门刊登各类文艺演出尤其是京戏的演出消息，因而常常得到各个戏园子的彩排和正式演出的票。大人们一般只看正式演出，彩排就成了孩子们的专场。秀珍的堂姐大方地不但叫她，有时连她哥哥、同学都叫上。反正也不花钱，人多还热闹呢。彩排时的纰漏是最吸引孩子们的热点，那些出错场啦、说错台词啦之类闹的笑话够他们乐好几天的。一到有彩排的晚上，这帮孩子就往戏园子里跑。什么《空城计》啦，《甘露寺》啦，《武家坡》啦，哪个孩子都能一个人唱下一整出来。秀珍喜欢须生，她觉得那些须生特别有大丈夫气概。《搜孤救孤》里的程婴、《打渔杀家》的萧恩的段子，都是她爱哼唱的，他们也是陆秀珍心目中的英雄。尤其是《搜孤救孤》，程婴从容赴死，荡气回肠；大义在前，虽赴汤蹈火，仍坦然前往，特别让她感动。每回看这出戏，她都忍不住要陪出许多泪来。

初中二年级时，林华宝借给她一本《居里夫人传》。她一下子就被这本书迷住了，吃饭也看，课间也看，晚上更是忘了睡觉，一口气把整本书看完，又把感兴趣的章节读了一遍。她完完全全被居里夫人所倾倒了。从此以后，这个瘦瘦的波兰小女人在陆秀珍心里就坐了头把交椅，大侠们则渐渐远离了。在她短短13年的生涯中，母亲明显地喜欢哥哥们而不喜欢她，给她罩上了“当女孩真倒霉”的阴影。在叔叔家固然不能扬眉吐气，在自己家又何尝能像哥哥们那样肆无忌惮地哈哈大笑呢。陆秀珍不止一次地感叹命不好，怎么就托生了个女孩呢？这本书却使她的想法大大地动摇了：人家居里夫人也是女的，而且是个弱小国家的女子。凭着自己的努力，竟然成了世界景仰的大科学家！她好像是从井里跳出来的青蛙看到了大地一样，又好像给心装上翅膀飞上了蓝天似的。她认为科学界是个不分男女、只认成就的世界，只要你努力，这个世界就接纳你，承认你。啊！太好啦，太妙啦！

一口气看完这本书后，她迫不及待地把它转借给另一个好朋友范希梦。然后，三个小姑娘就坐在操场的长凳子上热烈地畅想开了。从居里夫人说到李清照(这也是陆秀珍喜欢的一个词人)甚至武则天。她们得出结论：女人要想不被人瞧不起，就得努力，加倍地努力。然后，三个人做出了一个共同的决定：学理科，当中国的居里夫人。林华宝说要学化学，陆秀珍要学物理。范希梦看看这个，看看那个："我不知道，你们学什么我就学什么。"

两人哈哈大笑："可我们学的不一样啊，你跟谁一拨儿呢？"

"我不知道。跟谁都行。"

又招来一阵笑："那就等我们都当了科学家，轮流来教你吧。"

从此以后，陆秀珍学习更努力了，兴趣也从李清照、辛弃疾转到了牛顿、爱因斯坦。她常常借一些还看不大懂的物理书，对着那些长得吓人的公式暗想：总有一天，我会看它们就跟看"床前明月光，疑是地上霜"一样容易的。

1926年春天到了，陆秀珍也快15岁了。孔子曰："吾十五而有志于学。"大概母亲也觉得15岁算个大生日了吧，10天前就特地叫家人老杨捎话来，让女儿在3月18日那天放了学回家吃打卤面。这是南方人到北京后入乡随俗的一个重要标志：家里有人过生日要吃打卤面。陆秀珍想着那一锅冒着热气、肉香和蘑菇香的卤，想着绿油油的黄瓜丝和白花花的豆芽做的面码，顿觉妈妈也不是那么不可亲了。可是这两天听樊老师说，大学生们在向段祺瑞政府请愿。她虽然不明白什么叫请愿，但她尊敬樊老师。樊老师说日本的军舰未经许可开进了天津的大沽口，还炮轰我国军民。美、英、法等西方列强不但不谴责日本，反而无理通牒中国，要求撤出津沽防务。学生们要求政府驳斥众列强，段政府却像只缩头乌龟，屁也不敢放一声。她听了这些，立刻跟樊老师一样站在大学生一边。

几天以来，陆秀珍和老师、同学们一起紧张地注视着事态的发展，并在樊老师的组织下自发地讨论这件事的来龙去脉。当她想到日本的军舰随便开炮，政府却不敢抗议时，小脸气得通红。她问老师，为什么咱们不开炮打他们。老师叹了口气："唉，打不过呀。"

"为什么？咱们人少吗？"

"人倒不少，可是咱们的炮不行啊！"

老师从鸦片战争、甲午海战说到英法联军、八国联军，最后抬起头来，眼里噙着泪难过地说："同学们，国家弱，就会挨欺负、挨打。咱们要想强大起来，就靠你们啦。"

学生们听得血脉偾张，纷纷嚷着："老师，我长大了造炮，造军舰，打洋鬼子。"

陆秀珍一句话也没有说，倒不是不想说，而是想说的太多。她想说：我不但要造炮，造军舰，还要发明更好更棒的武器，让日本人、西方人永远不敢随便打我们。这天晚上，她久久不能入睡，心里琢磨用什么神奇的武器来对付那些打中国人的外国坏蛋。

3月18日一早，在上学的路上，陆秀珍就觉得西单附近多了好些警察。到了学校一看，班里已经到的十来个同学，正在樊老师的带领下糊小旗子。旗子上写着：支援北师大学生！段政府一定要表态！反对八国干涉内政！等等。进了教室，陆秀珍看见林华宝在裁纸，就走过去边帮她裁边问："这是干什么呀？"

林华宝说："北师大的学生要去铁狮子胡同(段政府所在地)请愿，樊老师说了，咱们是北师大的附中，要跟北师大的大学生们站在一起，所以咱们也去。"

"真的啊？"陆秀珍兴奋起来。她手脚麻利地干着，突然脑子里闪过"打卤面"三个字，随即挥挥手：去他的打卤面吧，我要跟同学们在一起。

初春的北平乍暖还寒，太阳不知躲到哪里去了，出了校门还真挺冷。过了一会儿，下起了淅沥沥的小雨，可同学们一个个情绪高涨，哪里还觉得什么湿冷呢？他们严肃而又兴奋地走着，陆秀珍不时钦佩地看看挺着胸走在队伍最前面的樊老师，平时多少有些显矮的个子在她眼里忽然高大了许多。

"樊老师真勇敢。"她悄悄对身边的林华宝说。林华宝点点头刚要说什么，忽然前面的人呼啦啦地向后退，同时听见喊声大作，一时间她们被冲得七零八落。正不知所措，猛听得远处乒乒乓乓枪声响成一片，樊老师大声喊："同学们，快到马路边上去！不要乱跑！"

陆秀珍赶紧拉起傻愣愣的范希梦跑到师大的大门口，林华宝也跟了过来。三人抱着脑袋蹲在地上，半天没敢动。

也不知过去了多长时间，林华宝抬起头来："噫，人呢？"

这才发现马路上已经没有人了。怎么办？她们互相问着，没了主意。陆秀珍说："要不咱们回学校吧？"

林华宝说："别傻啦，他们准都跑回家啦，咱们也回家吧。"

陆秀珍坚决地说："不，我要回学校，樊老师看不见咱们还不急死。"

于是三人跟着回了学校。果然，樊老师正坐立不安地在教室里等着呢。看到她们三人，赶紧上去拉着她们的胳臂，上下打量着："你们没事吧？没事就好。"

然后端来已煮好的姜糖水，还拿毛巾给她们擦脸，然后嘱咐她们赶紧回家。

"老师你呢？"陆秀珍关切地问。

"我还要再等等其他同学。"

第二天，陆秀珍被又气又怕的三叔关在家里一整天："我说秀珍哪，听说都打死人了！你要出点娄子，我怎么跟你妈交代！"并且头一回表扬了堂姐："看你姐，乖乖地待在家里，多让人省心！"

陆秀珍多少有点感动："叔叔还是挺关心我的。"于是心神不定地在家里看了一整天书，却什么也没看进去。

第三天，她实在忍不住了，趁着叔叔去报馆的工夫，背起书包去了学校。一进校门，就看见众多的人，包括街道的市民都拥在布告牌前。她快步走过去，从人缝里看见布告牌上贴着好几张民办报纸，都是报道前天的事情的。报上称前天的事为“三·一八惨案”，说是段政府下令军警开枪，打死47名学生，打伤200多名。“啊？死人啦？”她脑袋嗡的一下，头直发晕。“呀，北师大死了好几个女生。”“可怜才20岁。”“天哪！她们的父母得多伤心哪！”她恍恍惚惚听见周围的人议论，但听不太清楚。坐在台阶上，她只觉得头晕，连林华宝过来跟她说话，她都有一搭无一搭的，脑子里只想着：“打死了！竟然把人给打死了！”

接下来的几天，各界都罢工罢市抗议段政府的暴行，学校也停课了。可大部分学生还是到学校来，陆秀珍当然也不例外。在樊老师的带领下，她和班里的许多同学一道做花圈，一道去了新文化街的女子师范的大礼堂，参加遇难学生刘和珍、杨德群及范士弼、魏士毅等人的追悼会，甚至差点儿去圆明园参加刘杨二烈士的葬礼。但这一切仿佛都是在梦中发生的。她始终觉得头晕，甚至觉得有些恶心，就跟脑震荡似的。唯一令她的好朋友们奇怪的是，平时动不动就掉眼泪的她竟然自始至终没哭过。

是的，陆秀珍变了。在她15岁的脑子里，仿佛灌进了什么化学药剂，使之变硬了。间或想起为了堂姐扔枕头之类的事情竟然还哭过，她都为自己害臊：瞧瞧人家刘和珍，才比自己大5岁，可是都……她恨开枪打死她们的人，更恨开炮打中国人的洋鬼子。她下了决心，不再幻想当什么飞檐走壁的女侠了，她要当个驱逐强虏、富国强兵的大女侠。她反复地看着有关的报纸，无意中发现好几个牺牲了的女性都叫“士”什么，就忽起一念，要改名字。其实她早就不喜欢“秀珍”这个名字了。这两个字仿佛跟三寸金莲、大长辫子什么的关系相当密切。可就是一直没想好改什么名字。林华宝曾经给她出过主意：“叫希宝吧。一来呢，体现咱们仨的友谊；二来呢，你是个稀世珍宝，嘻嘻。”

她没同意：“什么宝呀宝呀的，你是你妈的宝贝，我可不是。”

这回她有了主意。“陆”字是不能动的，当中的一个字，也叫“士”，最后一个字呢，就叫“嘉”吧。我要做个比那几个“士”还要出色的人。

她以为妈妈不定多有意见呢，可出乎意料，改名之事竟然没有遭到母亲的反对。大概因为她是女孩子，不负有继承陆家香火的重任，爱叫什么名字就叫什么吧。从此，爱哭的“陆秀珍”退出了历史舞台，坚强的“陆士嘉”上场了。

第三章

负笈远渡　海外求学

这一年(1926年)暑假，陆士嘉和林华宝、范希梦两个密友钻在林华宝的闺房里苦读了一整个夏天的书，为的是考上师大附中这座门槛极高的高中。那年的夏天奇热，林华宝妈妈给三个姑娘又是打井水擦脸又是熬绿豆汤防暑，把陆士嘉给羡慕得不行，心想我要有这么好的妈妈该多美呀！

入学考试一发榜，陆士嘉和林华宝、范希梦分别以第五名、第九名和第二十六名的座次榜上有名。施桐君一高兴，难得地给女儿做了全套的新衣服；正在法国留学的大哥也来信祝贺。一时间，大家沉浸在欢乐之中。按照在初中时就想好的志愿，三人都选了理科。这样不但可以继续在一起读书，还可以相互鼓励着朝“中国的居里夫人”的方向逐步迈进。

一上高中，陆士嘉就开始蹿个儿了。原来管她叫“小豆”的那些女孩子们一晃的功夫只到她鼻子尖了。而且除了腰没粗以外，她的胸部、臀部都掺了酵母粉似的鼓了起来。加上天生的好皮肤、文静的书卷气，令不少大街上的男孩子看得脖子都转了筋，回头率百分之百。每次回家，妈妈竟也时不时称赞几句："嗯，腰挺细，像我。皮肤也白，像你爸。"

陆士嘉可没工夫搭理那些男孩子，对他们非但视而不见，而且从心眼儿里烦："瞎看什么，有时间不如回家好好用功去！"

师大附中的高中男女分班，陆士嘉周围的同学自然都是女孩子。男孩子里她只理睬过母亲干女儿张玉茹的弟弟张维。因为比陆士嘉小两岁，张维一直管陆士嘉叫"三姐"。她也只当他是个小弟弟，和他讨论讨论功课啦，下下棋什么的，从没拿他当其他男孩子一样看待。按陆士嘉后来跟孩子们说的话："对他放松了警惕性。"

在学校里，陆士嘉像一株新栽的小树似的贪婪地汲取着书本里的营养。在外人看来枯燥无味的物理，对她来说简直就是一座座美丽而神秘的宫殿。她行走其间，不时有着惊喜地发现。这令她兴奋，令她着迷，令她沉醉。往往同学们都走光了，她还在实验室里捣鼓那些棍子棒子、小球大球的。如同当年在米缸里戳手指头，直到有人来轰她，才依依不舍地离开。

冬去春来，不觉已是1929年春节了。因为书本都在三叔家，加上要给叔叔婶婶拜年，并把母亲送给叔叔婶婶的礼物带去，陆士嘉在自己家吃过年夜饭，大年初一就回到叔叔这边来了。拜过年后。三叔清了一下嗓子："我说秀珍哪(他不习惯那个绕口的新名字)，你父亲死得早，我一直把你当亲生女儿看待。你的书念得不错，我也挺高兴。"

40 年后的聚会，左起：陆士嘉、张克群、林华宝

听到这里，陆士嘉抬起眼睛，带着疑问看着三叔。三叔把目光转到了地上，专心地看着一块地砖上开裂的缝子："我呢，你也知道，办了个小报，勉强维持。你姐秀如去年考上了大学。虽然不算什么好学校吧……"

"说那么多废话干什么！拣要紧的！"婶婶发话了。

"对，对，拣要紧的。我说秀珍哪，你也十七八岁啦，叔叔不能老养活你啦。上大学呢，就更供不起啦。"

"得，"陆士嘉心想："我早就估计他要说这话。凭良心说，他供我到现在已经很不容易了，我一辈子都感谢他。至于上大学嘛，我得自己想办法。林华宝家有钱，她妈早就说要资助我，可是，我怎么能要人家的钱呢？舅舅呢，他已经供着大哥留法、二哥留日了，还能再……”

“秀珍，你倒是同意不同意呀！”突然听见婶婶提高了嗓门问。她回过神来：“啊？什么？我，我没听清。”

三叔说：“啊？没听见？瞧这孩子！我是说啊，前两天我的一位票友说，有个什么部长的儿子看见过你，说是喜欢你，想要娶你。你看怎么样？”

陆士嘉一听，脑袋“嗡”的一下大了一圈，她连连摆手道：“不，不，我还小呢，再说我妈……”

“你妈没意见。”婶婶打断她道。

“不，那我也不。”陆士嘉拼命地摇着头，除了一个“不”字以外，她完全不知道说什么好了。三叔一看她那坚决的样子，也就没再勉强，叹了口气：“那就再说吧。”

回到自己屋里，陆士嘉坐在书桌前为自己的前程动起了脑子：看来叔叔是不打算继续供我念书了。可我一定要上大学！原先还没想好上什么大学，这一来倒有了主意：师范大学。因为这是唯一一所不收学费而又有名气的大学。对，就是师范大学了！至于生活费嘛，我可以当家教。反正师大毕了业是要教书的，边学习边实践不也挺好吗？主意已定，她倒踏实了，从抽屉里拿出书来埋头看了起来。幸亏三叔再也没拿结婚之类的事烦她，令她好生感激 。

高中总算顺利地念完了。陆士嘉如愿以偿地考上了北师大物理系，成了该系唯一的女生。林华宝考到了唐山交大。“二弟”张维高中念了一年，就连蹦带跳地不知怎么，竟然也去了唐山交通大学，念土木工程系。

在师大念书期间，经朋友介绍，陆士嘉在好几家人家做家教，以维持大学的开销和生活费。好在北师大的学生宿舍挺安静，饭费也便宜。虽然连上学带教书地挺忙，但日子过得比在叔叔家还舒心些。

转眼间大学一年级的暑假到了。两星期前林华宝就来信说要陆士嘉到火车站去接她。等到从火车上下来，林华宝身后站着的张维笑嘻嘻地看着陆士嘉："三姐，你来接谁来啦？"

陆士嘉嫣然一笑："接你呀！"

张维心里腾的一动，不禁遐想了起来。他知道这位美貌而拘谨的三姐对男士向来严肃，这个玩笑是不是有特殊的意义呢？正好大哥借给他的照相机还有胶卷，张维就热情地招呼大家一字排开，男

火车站留影（1930年），左起第三人为林华宝，第四人为陆士嘉

士们分列两侧，众星捧月一般把两个女孩子供在当中照了张相。用此计策弄到了第一张陆士嘉的相片，虽然只是个合影。

趁着暑假，张维便三天两头地去“三姐”家向她“请教”物理方面的问题。物理问完了再研究数学，实在没辙了再请教诗词，总之表现出一副好学不厌的样子。陆士嘉倒也诲人不倦，一个暑假下来，两人便都生出几分亲近感来了。

1931年9月18日，震惊全国的“九·一八”事件爆发了。全国人民立即将注意力集中于东北。

事情的经过是这样的：1931年9月18日晚10点，日本关东军把沈阳北大营南面柳条湖附近的铁路炸毁了一段。然后拉来三个中国人的尸体，给他们穿上东北军的军服，说是他们炸的铁路，以此作为攻打东北军的借口。第二天凌晨4点，日军独立守备队第五大队被调到北大营参加攻打北大营的战斗。由于事先东北军总司令张学良曾训令东北军不得与日军发生冲突，驻军部队没有做什么抵抗。一万多人的北大营东北军被只有500人的日军击溃。紧接着，日军对东北发起全面进攻。在不到半年的时间里，东三省100万平方公里的土地被日军占领。

“九·一八”事件后，北平各界尤其是各大学，立即做出了反应。北大学生自治会致电国民政府：“当此国破家亡之时，正吾人同仇敌忾之际，深望当轴诸公，立息内争，一致对外，并望我国民众，实行武装，誓做政府后盾。”9月21日，在北平各校学习的东北籍学生3500余人举行“东北学生抗日会”成立大会，组织了敢死队，决心与敌人相拼。22日，燕京大学全体学生致电国民政府，希望政府能顺从民情，积极备战。这时，因为不了解政府的政策，学生所持的还是拥护政府的立场，纷纷表示如果政府抗日，他们要做政府的后盾。后来，随着南京政府软弱退让的逐渐暴露，学生对政府的态度开始改变，逐渐转向对立与批评。

9月25日，北京师范大学教职员召开大会，通过决议，致电批评南京国民政府的不抵抗政策。学生在校园里集会，支持学校的这一行动。陆士嘉所在的物理系成立了学生联合会，并以此名义给校方写信，表明坚决要求政府抗日的态度。陆士嘉被日军的侵华野心所激怒，虽然平时她是个用功的学生，总是抓紧一切时间念书，但这些日子，她每天和同学们一起，讨论局势，讨论他们该做些什么。晚上回到宿舍，就给张维写信，告诉他北平学生的动向和自己对日军的愤怒。

张维身在唐山，距离东北比北平近多了，当然对局势的发展更为关切。但唐山不是一个学生运动活跃的城市。尽管学生们屡次要求上街游行，校方却只鼓励他们在校内集会、演讲，不鼓励学生上街。张维满腔的愤怒，除了向同班的好朋友发泄外，就是要求陆士嘉多写信，报道北平的反应。

这场风波持续了近一个月，才慢慢平息了。通过这次事件，张维和陆士嘉觉得自己和国家的命运贴近了，两人之间的关系也因此更亲密了。

大二的时候，陆士嘉在一位学生的家中认识了学生的叔叔——清华大学化学系刚毕业的学生，名叫宾果。宾果是个才华横溢、风流倜傥的小伙子，他在侄子家一下子就看上了这位白净苗条、勤奋贤淑的女家教。可惜的是，无论他怎样费尽心机，或滔滔不绝、口若悬河，或跑前跟后、关怀备至，甚至别出心裁自己动手为她做了一个小巧的书架，女教师却摆出一副刀枪不入的架势，安安静静地聆听他的高论，斯斯文文地拒绝他的服务。这令他苦恼，却也坚定了他“不追到手誓不罢休”的决心。

一个秋光明媚的星期天下午，他决定做一次最后的“争斗”。他邀请女教师同游北海，说是报上称今年那里的荷花乃有史以来绽放最美的一次。陆士嘉心动了：难得一日闲，去玩玩吧。

站在琼岛的半山腰，陆士嘉眺望着夕阳下闪烁的湖水，宾果欣赏着她的背影，心里紧张得“怦怦”直跳。心一横，清了清嗓子说：“陆女士，我已多次向你表达过我对你的爱慕之情，虽然没得到你肯定的回答，但我相信你不讨厌我。是吧？”

看看陆士嘉没动，他的胆子大了：“今天，我正式向你求婚，请你答应我吧。”

“那怎么行，我还是学生呢。”

“可是，你看你这学生当得多辛苦。现在我已毕业了，而且有了不错的工作。我相信，只要你答应我，我肯定能让你过得舒舒服服的。”

“我为什么要你养？我自己有手有脚有头脑，能养活自己。”

“可是，我有什么不好吗？”

“没什么不好，只是你知道，婚姻这事是不能勉强的。我不想结婚，更不愿意和你结婚。”

宾果失望的双手抱头，闭上眼睛夸张地大叫：“啊！上天哪！我怎么这样不幸啊！”

睁眼一看，陆士嘉毫无表情地继续看湖水。宾果一咬牙道：“你要是不同意，我就死在你面前！”

陆士嘉有点不高兴了：吓唬人？我还就不怕吓唬。说道：“请便。”

宾果绝望地喊道：“你真就那么狠心吗？”言毕，提起脚来从她身边掠过，然后就朝山下跑，先是咚咚咚地越跑越快，待到快到湖边，却放慢了脚步。到了湖边扶着栏杆回头看，姑娘仍然站在那棵大树下，却是铁石心肠地背对着湖水连看都没往他这边看。他彻底失望了，垂头丧气慢慢腾腾地上了山，小声对女教师说：“咱们回去吧。”从此，他再也没敢与陆士嘉有任何私下接触，虽然他仍旧爱慕她，但自尊心令他望而却步了。

宾果不知何处去了，但他做的小书架一直在张家承担着安放字典的任务。因为那个书架的颜色特殊，是黑色的(陆士嘉喜欢的颜色)，而且搁书的木板和挡板不像一般书架是水平和垂直的，而是与地面成一个角度。这样找起书来不用蹲下来就能看见书上的字。张维曾经不止一次地夸奖它构思精巧，并告诉孩子们这位设计并制作的人是何许人。女儿曾问陆士嘉为什么没选择这位宾果，她只是简单地说了句：“他自私。”

2003年，女儿张克群到美国来了，并且有一段时间负责清华校友会的工作。由于联系老校友，她认识了1933年清华毕业的王琇女士。王琇女士说，大学毕业后，她和比她高一年级的化学系同学结了婚。1945年日本投降，台湾回归。他们俩被派往台湾高雄去接收炼油厂。1950年5月，在一次做实验时，不幸发生爆炸，她的丈夫当场遇难。

"和我丈夫同时遇难的还有厂长宾果。"王琇补充道。

"啊？"张克群大吃一惊。这个名字应该不很常见吧。

王琇没有注意她的表情。她追问道："那位厂长，也是清华毕业的吗？"

"是啊，他也是化学系的，比我丈夫高一级，1931年毕业。"

张克群还不敢百分之一百地肯定，又问了个不该问的问题："你们厂长，他有家室吗？"

"没有，他没有结婚。"

这回张克群肯定了：此宾果即彼宾果。于是，她给王琇讲了宾果和她母亲的故事。王琇听完，沉默了一会儿，然后神色暗淡地说："我说的呢，挺好的一个人，又聪明又能干，把炼油厂治理得井井有条，可是怎么就不结婚呢？给他介绍，也不要。唉，痴情至此。好人哪，好人。他去世时才40岁，孑然一身，无牵无挂。"停了一下，又加了句："倒也好。"

过中秋节时，唐山交大破天荒放了三天假。张维的"第六感"告诉他，得抓紧时间回北平与陆士嘉更上一层楼了，不然后悔晚矣。这一回，爱热闹的他没有告诉往常总是同回北平的几个朋友，多少有点鬼鬼祟祟地买了张火车票，就溜了回来。在家里敷衍了事地向母亲道了问候，推说上街买月饼，就去了北师大的女生宿舍。

陆士嘉看见他挺高兴，正想找个人聊聊心事呢。但她故作惊奇道：“怎么着，这回是研究物理呀还是探讨数学？”

张维把手里的月饼往上一提：“跟你一起研究研究月饼的馅儿是怎么进去的。”

两人面对面坐下，陆士嘉便诉苦道：“说真话，我简直都没心思过中秋节了。”

她不但讲了宾果寻死觅活的经过，还讲了好几个老大不小的教授也参加到追她的行列里来，闹得她恨不能见男的就躲。张维听得哈哈大笑。陆士嘉瞪了他一眼：“还笑，你倒是帮我想个法子呀。”

“我自有锦囊妙计，只不过不到拆封的时候而已。”

陆士嘉说：“哼，你那锦囊妙计还没拆，我这儿被闹得都要考不及格了。”

“那我可说啦。”

“快说吧。”

“你可不准生气。”

“别啰唆！快说吧你，我不生气。”

“我娶了你不就结了？”

陆士嘉一听这话，腾的一下脸红了。他们虽然从小一起长大，说话一直比较随便，也常爱开开玩笑，但是开这类玩笑可是史无前例的。她抬起头来看了张维一眼，呀，那个赶着叫她三姐的半大小子什么时候长成青年啦。她似乎才发现他的喉结凸了出来，声音变得低沉了，眉毛也更浓了，甚至，甚至嘴唇上都有了隐约可见的胡须！可不是吗，他都19岁了，长成大人了。她的脸红了，不敢再看他，只好扭过头去看着窗外，假装嗔道：“瞎说什么呀你！”

张维看着她红红的脸，有好几秒钟发痴了。可他也明白，再要进一步，把她逼急了反而弄巧成拙，于是顾左右而言他：“你打算回家过节吗？”

陆士嘉松了口气：“不回去了。”

“那咱俩把这月饼吃了，就算是过节了。”

边吃月饼，陆士嘉边笑：“咱们把月饼偷偷吃去两块，回家你怎么交差？”

“没事儿，我娘不那么仔细。”

陆士嘉收起笑容：“早就听说你也是自幼丧父，我一直想问问，你父亲是怎么去世的？”

“我也不大清楚。听我大哥说，父亲原来只身一人在河南安阳县做税务官，我娘带着我们兄弟姐妹4个住在北京。为了多挣钱，父亲还在河南巡抚家做家教。”

陆士嘉笑笑：“倒是和我同行的啊。”

张维接着说：“可不是嘛。结果多挣钱倒挣坏了。在我3岁那年的8月，父亲带着攒了一年的钱回京城。临走时去息县看他的把兄弟，那个县的县太爷。那人非要留他小住。没过两天，父亲得了感冒，服了这位县太爷开的一剂药，很快就死了。家人老杨回来报的信儿，又返去办的后事。但钱却没拿回来，说是没有了。你说奇怪不奇怪？”

“呀！”陆士嘉双手一拍道：“多半是那个朋友捣的鬼吧？”

张维摇摇头：“谁知道呢。后来有人说，看见那人在四川开了个旅店，规模还不小呢。人们猜可能是有什么鬼。最起码也是他趁我父亲病故，把钱给卷走了。”

“唉，真是人心难测啊，还是朋友呢！”

张维抬头看了陆士嘉一眼：“我从小就没了父亲，你也是。”

陆士嘉点点头，没有说话。张维接着说：“你家是读书人出身，我家也是。咱俩有两个共同点了。”

陆士嘉警惕地看着张维：“还有吗？”

张维受了鼓舞，在凳子上挪了挪屁股：“有啊，咱俩都戴眼镜。”

陆士嘉笑了：“这也算共同点？那咱们还都有鼻子有眼的呢。”

“那不算，是人都有的不算。三条了吧？还有，咱俩都是家里的老小。”

陆士嘉说：“你那老小当得比我好，你是儿子，你妈喜欢你，哥哥姐姐也疼你，还是比我好啊。”

张维笑着挥挥手：“哈，我那大姐比我大14岁，简直就是我妈。她结婚时我才12岁，还得她给我擤鼻涕呢。我记得家里去给她买嫁妆总带着我，拿我当算盘使。大哥呢，也大我9岁，老是欺负我，有时候还打我屁股呢。”

陆士嘉摇了摇头：“欺负你？你鬼精灵似的，还挨人欺负？我才不信呢。”

张维睁大了眼睛：“真的。他在家里捅了娄子就往外跑，我傻站在那儿等着被捉拿归案。有一回，我二叔的儿子承业不知为什么把我大哥写的大字给撕了。大哥回家就煮了一壶开水，让我拿着去浇二叔家的花。结果挨了我娘一顿笤帚疙瘩。”

陆士嘉笑着拍了一下桌子：“啊？你怎么那么笨哪！那会儿你几岁？”

“4岁。”

“哦，那还情有可原。”

张维接着说：“再说我还有奶奶管着。我奶奶可厉害了。过年时我的零花钱用完了都不敢张嘴要，只好在堂屋冻了冰的玻璃上写上‘张维的银钱没有了’。”

“哈哈哈。”陆士嘉趴在桌上笑得花枝乱颤：“我说你鬼精灵吧？要钱的主意都和别人不一样。”

“还没说完呢。这共同点之第五点，咱们俩都有个好舅舅。”

“那倒是，我家全靠我舅舅支撑着呢。你家也靠舅舅？”

“可不是吗。我舅舅也是母亲的弟弟。他可是大官，是参众两院议员。我家后来没了收入，前几年我大哥上大学，我和五姐上中学，全靠舅舅接济。现在我大哥总算有工作了，家里环境也好多了。”

陆士嘉沉思道：“噢。”突然想起什么来：“哎，你一二三四五的列了半天共同点，要说明什么呀？”

张维抬头看了陆士嘉片刻：“没什么，只是列举共同点而已。”

他知道，时机尚未成熟，过分的话不能再说了。

这一番谈话，使他俩的距离又拉近了不少。不过自那以后，嫁娶之类的话题再也没涉及过。张维这头儿是想提而不敢，陆士嘉那边照旧是一提男女之事就高挂“免战牌”。

1933年，两人都大学毕业了。陆士嘉以物理系第一名的成绩拿到了学士学位后，就去了河北大名府的第三女子师范教书，因为那边的工资高；她现在要担负起养活母亲的任务了。张维作为实习生，去了陕西华山脚下的华阴修建陇海铁路潼西段。林华宝去得更远，跑到了云南省公路局。朋友们天各一方，且都是一个人跑到人生地不熟的荒凉之域，孤独与寂寞使他们只能靠频频的通信来抒发心声。眼见着日本人在占领了东三省后节节逼近，他们气愤，心痛，却又无奈，只能在信里互相倾诉着对日本侵略者的仇恨和对苦难中国的悲情。他们渴望自己能尽一份力，让中国赶快强大起来。

这期间，陆士嘉因为工作过于劳累，得了肺结核。张维从信中得知后，急得不得了，乱打听偏方。不知从哪儿打探到，说是一天喝三个生鸡蛋能治此病，就赶紧写信告诉了陆士嘉。这边于是买下一大筐鸡蛋准备大喝特喝，才喝了两天，突然接张维一封加急电报：“生鸡蛋带菌且不好消化不可喝。”

拿着电报，陆士嘉咕噜道：“一会儿一个主意。”可对这份关心心里挺感动的。所幸她年轻的身体还算强健，加上舅舅施今墨的药灵，半年后便康复了。

病好以后，陆士嘉打算转到北平工作。说来也巧，当年她在北师大读书时，有位助教汪德昭也是师大附中的。他很赏识这位物理系的高才生。正好这一年汪德昭考上了官费留学要去比利时，临行前，征得陆士嘉同意后，他向兼职教书的志成中学(今北京三十五中)推荐陆士嘉接替自己担任物理课教师。真是天赐良机呀。就这样，陆士嘉顺利地回了北平。

志成中学是一所女中。学生们的年纪跟她相仿，课下常常在一起玩，还曾一同游览长城。在她的学生里，有好几个跟她都成了好朋友。有个很有表演才能的姑娘叫胡朋，她毕业后当了电影演员，还一直和她通信。

在志成中学，陆士嘉每月能拿120块大洋，比一名普通教授还多。那时清华的助教一个月才拿40块大洋。教授呢，也就100块大洋。当然，这是她任教课时多，还带实习课的缘故。她每周要上24小时

快乐的志成中学女教师（1935年）

的物理课，还要准备实验课、批改作业，工作量很大。张维那边工作其实也很辛苦，一天到晚风尘仆仆地在野外施工，晒得黑不溜秋，人称“印度炸麻花”，又名“黑子”，一个月才拿80块。陆士嘉顿觉自己富有之极。除了供养母亲外，每月还富裕一些钱。她把钱存在母亲那里，并说明这是自己以后留学用的。

某次上街买东西，陆士嘉偶尔看见一种蓝白格的床单，一高兴买了两条，除自用外，还给张维寄了一条。张维收到这么一件特殊的礼物，立刻心花怒放并想入非非：难道这是某种暗示吗？他兴冲冲地拿起笔，铺好纸，准备单刀直入地求婚。

“亲爱的士嘉：”停住笔一想，不好，这太过肉麻，准得碰钉子。于是把纸团了。又铺上一张：“士嘉：”想了想也不妥，上封信还称三姐呢，改得也太突然了。又展开一张纸：“陆士嘉：”哎呀，还不行，显得多冷淡，跟行公文似的。写了扔，扔了写，纸篓都快满了，这才冷静下来：以士嘉(他在心里这样称呼她)的脾气，你越是热，她越是冷。干脆，我还是等着船到桥下自然直吧。于是按下心头火热的情感，假装若无其事地以“三姐”之称只谈天说地不牵扯感情。

这年暑假，陆士嘉去唐山看望张维。此次探望，主要是商量出国念书的事。张维的意见是去德国，他说：“父亲死得早，我二叔对我们兄弟较为关怀，时常对我们讲述在德国留学的情景。记得我小时候几乎是唯一的一件玩具，就是二叔送我的上发条的小汽车。它的质量太好了，直到现在，我的大侄子还在玩儿呢。”

两人对德国的工业技术都很赞赏，于是同意去德国留学。

趁着在北平过暑假，张维又跑到北大物理系夏元瑮教授家，请他的德国太太教授自己德文。一暑假的功夫，日常对话学了不少。

当时留学有两种形式：一是自费，这比较容易，只要有钱，外国的学校接受就可；二是官费，这可就得参加考试了。张维家供不起他留学，自己挣的钱也不多，只能走官费的路。当然啦，官费留学的地点就由不得自己了，赶上哪儿是哪儿。1935年，北平有个留美的机会，他去投考，结果考了个第二名，可力学专业名额只有一个，于是考第一名的钱学森上美国去了。第二年他又考了第二名，还是没去成。张维无奈地对陆士嘉说："你先出去吧。等我考上我追你去。"

陆士嘉说："你不出去我也不出去。"

张维大受感动，发誓明年一定要考上。但也知道考试这事儿不是一发誓就能行的。

过年回家时，他向大哥问计，大哥建议他找个有两个名额的去考。大哥说："你生下来就是老二，说不定跟老二有缘，万一再考个第二，不是也能出去吗？"

张维以手击额道："真的，我怎么这么死心眼呢！"

大概真是因为在家排行第二吧，1937年5月(第三年)的一次考试里，他又考了个第二，简直就是个榜眼的命！幸亏这次听了大哥的话，选的是第五届"中英庚款"留英。因为前一年空缺，这一年，他报名的专业取两名。出国深造终于如愿以偿了。

这边陆士嘉立即辞了在志成中学的职务，着手做自费留学的准备。可当她问母亲要那笔自己存的钱时，母亲却毫不经意地说："噢，那笔钱呵，我给你六哥开诊所用了。”

这下陆士嘉可傻了。她原以为留学法国的大哥回来了，家里的经济状况会大有好转呢。虽然大哥娶回了一个法国老婆，还有了个儿子捷克，但他在万牲园(现动物园)做园长，工资是很高的呀。没有想到母亲会把自己的钱给六哥用了。怎么办？她是个孝女，总不能埋怨妈妈吧？而且帮助自己的哥哥，也没话可说。她急得跟张维商量，张维说：“何不问你舅舅要钱呢？他现在是京城的大名医了。你的两个哥哥也都供出来了，不用他再支援了。”

“不，我不能要舅舅的钱。”陆士嘉摇着头坚决地说。

可想来想去也真没别的办法。“这样吧，我去问舅舅借钱。将来有了钱再还给他。”最后陆士嘉说。

舅舅施今墨一直喜欢这个勤奋好学而又有骨气的外甥女，当即答应供她留学。陆士嘉坚持要以借的形式接受舅舅的钱，说将来一定要还的。当舅舅的扭不过她，只好答应道：“好好好，就算借吧。”这才把经济问题解决了。

那么，出去学什么科呢？上北师大时陆士嘉一度对天文挺感兴趣，但近年来日本明显地不满足于仅仅占领东北，它在中国扩大地盘的企图已是司马昭之心，路人皆知了。报上天天有这里沦陷、那里被占的消息，时常还有日本飞机到华北来轰炸。陆士嘉觉得眼前造飞机远比研究星星来得有用，于是在看了大量文献后，决定去德国学航空，因为那里有近代流体力学的奠基人、世界级的大学者路德维希·普朗特教授(Ludwig Prandtl)。

张维在大学时学的是土木工程，教书教的也是这一领域的基础结构力学。近年来他一直关注外国有关壳体结构的动向，很想接触这个在当时尚属新鲜的领域。

施桐君怕世道不太平，坚持要女儿完婚后再走。当然，她早已看出张维喜欢自己的女儿；女儿呢，似乎也钟情于这个聪明活泼的小伙子。于是在施桐君的暗示下，张维的大姐出面去陆家求婚。这桩婚事自然是一拍即合，一点儿没费口舌就把事情定了下来，甚至连好日子都当场敲定了。日本人已经占了察哈尔，不知哪天就要打到北平来，到那时想走都难了，还拖拉什么。但陆士嘉坚持先不结婚，理由是会影响学业。张维也没异议，订婚就订婚吧，这样起码大家都有安全感。

既是订婚，总得做几套新衣服吧。一向穿着朴素的陆士嘉说："做一件蓝旗袍就行了，我喜欢素的。"

母亲说那好吧就做旗袍，可是怎么也得做件红色的。最后双方达成妥协方案，做了一件粉色镶红边的旗袍。这件漂亮的旗袍只在订婚的家宴上出现了两小时，只在照片上留了个影，第二天就被陆士嘉拿到店里给染成了她最喜欢的颜色——黑色，把她妈妈气得不知说什么才好。

订婚仪式上除了交换戒指外，陆士嘉又郑重地送给张维一支钢笔，笔杆上刻着她亲笔写下的四个娟秀小字："勿忘祖国"。接过这虽不贵重，却饱含情意和期望的礼物，张维几乎落下泪来。他知道两个人的心是相通的：在这兵荒马乱的年月抛家离国远赴重洋，只

中山陵留倩影（1937年）

为掌握过硬的知识，让苦难的祖国赶紧强大起来，不受外人欺负。他脑子里响起小时候唱的一首歌："小嘛小儿郎，背着那书包上学堂，不是为做官，也不是为面子光，只为读书求学问呀，不受人欺负呀，不做牛和羊……"

两个人长久地互相望着，眼中全是坚定的鼓励和热切的期望。

1937年7月16日，就在日本人发动"七七事变"后9天，他们仓促地告别了亲人，登上南下的火车去南京办理出境手续。拜谒了中山陵后，又急忙赶到上海，赶在"八·一三"日本入侵上海前两天，上了开往欧洲的最后一班英国轮船。

耳听着已经不远的隆隆炮声，眼见着贴有太阳旗的日本飞机在头顶上盘旋，两个人真是愁肠百结：一方面是舍不得离开灾难深重

出国的船上看到好消息（1937 年）

的祖国，且国难当头理应效力乃至赴死疆场；另一方面从小就立下的科学强国、工业救国的志向眼看就要起步了，又不愿放弃。就这样，带着满腔的悲愤和矛盾，他们踏上了异国求学的路。这一走啊，不知何日才能归来。望着渐渐模糊的吴淞口，陆士嘉的眼睛模糊了。张维把手放在她肩上，想要说几句安慰的话，未曾出声却已泪流满面，赶紧把脸转了过去，只伸手递给她一方手绢。陆士嘉紧紧地攥着手绢暗自发誓："祖国啊，亲人们，等着我。我一定要把最先进的技术学到手，回来报效祖国！"

第四章

双子之星　诲人不倦

按照原定计划，两人一踏上欧洲就分道扬镳：张维去了英国伦敦帝国理工学院的土木系当硕士研究生，师从皮帕尔(Pippard);陆士嘉则进了柏林高等工业学校。

陆士嘉从小就不爱运动,除了在小学穿着新皮鞋跑了一回60米以外,在运动方面就没有什么建树。她最大的爱好就一个——看书。

到了德国，周围的朋友大都爱好运动，陆士嘉不得不入乡随俗，但最多就是郊游而已。

临离开中国时，张维的大哥给他们介绍了自己的一个北洋大学的好朋友——正在德国攻读博士的大个子河北人李恩波(后来他成了张维的妹父——北洋大学数学系教授张敬茹的丈夫)。李恩波热心得很，不但亲自到码头接陆士嘉，还帮她找好了房子，又给她介绍了一个德文老师，名叫史蒂夫・林克蒂(Starloff Linke)。这对于初来乍到的陆士嘉来说，真是太必要了。此时她在国内学的那点德文还不能完全听懂上课所讲的内容，她就一边似懂非懂地听着课，一边跟林克蒂学德文。

林克蒂是学历史的，仅仅因为有1/8的犹太人血统，1933年希特勒一上台她就被所在的中学开除了，只好以教留学生德文为生。后来，她嫁给了中国留学生赵锡霖(赵后为北京钢铁学院教授)，并毅然带着两个孩子跟丈夫来到中国。从此，一直在中国工作。她和张维、陆士嘉也成了终生的好友。

她为人极是诚恳热心，学识又挺渊博，不久，两人便成了好朋友。女老师建议要坚持每天大声朗读课文。为了不吵到房东，每天一大早陆士嘉就带两片面包一壶水上公园去，找个没人的旮旯大声朗读课文和报纸。8点钟再回她的小屋，拿了东西去上课。

正当陆士嘉全身心地投入学德文，为专业学习做准备时，张维已经在英国获得了工学硕士学位(DIC)，趁着假期从英国到柏林来了。他高兴地告诉未婚妻，经过一番软磨硬泡，中国驻英大使馆终于同意把他的公费转到德国来，驻德国大使馆也同意接收。陆士嘉一听就急了：“你这是干吗呀！不专心念书，跑这儿追女朋友来！”

张维辩解道：“在德国也能念书呀。你忘啦，我可是一直想到德国念书的呀。我这次来，主要是考察德国有关壳体的研究。我从小就对捏不碎的鸡蛋感兴趣。”

看了一眼用怀疑眼神望着自己的她，张维又补充道：“当然啦，我也是不放心你一个人在这儿。”

“我有什么可不放心的，还怕我跑了不成？”

“不是那个意思，我是想，你要买个东西搬个家什么的，有我给

与同学们郊游（1938 年），左起第一人为陆士嘉

你忙前跑后的不是方便吗？”边说，边猫着腰做出小跟班的模样。

陆士嘉忍不住笑了。她说：“好好，我磨不过你。可别忘了有一句话：惹不起还躲不起吗？”

就这样，张维开始为进柏林高等工业学校做准备。留在英国的东西则由好友卢嘉锡帮忙，分批寄到陆士嘉的住处。

有一天，邮递员又送来一个包裹。放下东西后，看看陆士嘉，又瞧瞧包裹，似乎想要说什么，陆士嘉问道：“先生有什么事吗？”

邮递员歪着头又看了一眼那包裹道：“我真不明白你玩的是什么游戏，你把名字倒过来，把东西寄到英国；然后把名字再一倒，又给寄回来了。”

陆士嘉一看包裹皮上写的名字，也乐了。原来寄件人是 Lujiashi，收件人是 Lu-shijia。邮递员把两人当成一个人了。

张维到了德后，陆士嘉开始与普朗特教授所在的德国南方的哥廷根大学接触。普朗特教授是世界著名的流体力学权威，他和他的老师奥古斯特·佛培尔(August Foeppl，近代应用力学创始人)，以及自己早期的大弟子波尔教授(Robert Pohl)所创建的理论联系实际的学术思想，被世人称为“哥廷根思想”(Goettinger Geist)。这个思想体系，培养出了一代又一代的人才，散布在世界各地，对科学技术的进步发挥了极大的作用。陆士嘉心想，要是能拜普朗特教授为师，才能学到真本事。俗话说得好：取其上而得其中，取其中而得其次。我一定要找最好的老师，这样才不枉费大老远地来德国一回。

她去信要求做普朗特教授的博士生，得到的回答是：普朗特教授年事已高，不再收研究生了。而且校方委婉地表示，普朗特教授收学生门槛是很高的。可陆士嘉并没有被这初次的拒绝吓退。她心想：我找的就是高门槛。她知道，要想取真经就得上西天。唐僧当年去西天取经，九九八十一难都闯过去了，我难道就不如他吗？于是她一面加紧学德文，一面开始“啃”普朗特教授的著作和论文。

第二年，也就是1938年，陆士嘉只身来到哥廷根大学，要求拜访普朗特教授。第一次对方推说时间晚了没见着，第二次被秘书以教授不在为由拒绝了。直到第三次，大概人们看她太固执了，又或许被她弄得烦不过，只好给她和教授约定了见面时间。

见面伊始，普朗特教授显得不大耐烦，认为这个看似柔弱的东方小女子要做他的研究生，简直就是痴人说梦。流体力学是一门对

普朗特教授（1875—1953）

数学要求极高的学科。一个东方人，又是女子，学学烹饪也就罢了，学什么流体力学！陆士嘉看出了教授眼中的潜台词，便声情并茂地向他倾诉自己的国家近百年来被人欺辱，急待强大起来，而自己作为一个中国人，有着不可推卸的责任，等等。普朗特教授被眼前这个姑娘说得有点儿感动了，但提出因为自己的课程很深奥，怕她跟不上。陆士嘉说："那您可以考我。如果我通不过您的考试，一定不再来烦您。"

教授没辙了，于是说："这样吧，你先拿几本书去看看，了解一下这门学科大致的情况。两个月以后来考试。"说着，顺手从书架上取下两本书，递给陆士嘉。他心想，要是这个姑娘看不懂，大概也就不会再来麻烦自己了吧。

回到旅馆，陆士嘉一看，咳！这几本书不过是入门的基本知识，也就相当于小学的水平吧，而她所看过的有关书籍和论文，起码也是大学的水平。出于礼貌，她没有立即把书送回去，而是带回柏林又读了一遍。

两个月后，她来到教授办公室。教授一看她，十分吃惊："怎么又是你？你来做什么？"

陆士嘉微笑道："考试呀。您不是说两个月以后要考我吗？"

"噢！对对对。"教授没辙了，只好请她坐下，并问了几个书中的问题。令他没想到的是竟没把这位小女子难倒，这倒让教授对她有点儿刮目相看了。又谈了一阵，他决定出些数学题，心想看看她的底子究竟怎么样。

出完题，教授便继续做他的事，陆士嘉在另一个桌子上埋头解题。教授不时地看她一眼，心想，这点儿题够做一气的，要是她知难而退，我就不用跟她多费口舌了。

谁知刚过了不一会儿，就见姑娘走了过来，轻声却又自信地说："请教授先生看看，我做得是否对。"

啊？这么快就交卷了？普朗特教授先是吓了一跳，及至仔仔细细看完她的答题，不禁拍案称奇：真想不到她的答卷做得竟是又快又好。一半是无可奈何，一半是暗自佩服，他依照先前许下的诺言，当场拍板，正式同意收她做了自己的关门弟子。

上了两个月的课后，普朗特教授开始在他的朋友中间夸起这名关门女弟子来了，说她不但聪明，而且好学。同时，他建议陆士嘉去上一位乌教授的课，这样可以扩大她的知识面。

这天，当乌教授走进教室，看见第一排坐着一名从未谋面的戴眼镜的文静东方女性时，奇怪地挠挠头，嘴里嘟囔着："走错教室啦？"

他退到教室外面，摘下眼镜，仔细地看了看挂在教室外面本堂课任课教师名字的木牌，越发奇怪了，自言自语道："没错，是我的课呀。”

他又进了教室，却没上讲台，而是径直向那东方女子走去。陆士嘉礼貌地站了起来，比她高一头的教授低着头，从眼镜片后面看了看她，开口问道：“请问这位女士，您来这里做什么？”

“来听您的课。”

“听我的课？您能听懂我的课？”

陆士嘉说道：“听听试试吧。”

“请问，”教授不依不饶接着问，“您学过流体力学吗？”

“我正在读普朗特教授的博士研究生。”

闻听此言，乌教授大吃一惊，连连摇手道：“啊？啊！那，那您不用听了，我的课太浅，太浅。”

回到住处，陆士嘉把这段对话写信告诉张维，张维回信道：“这位乌教授显然是看不起中国人，外加轻视女性，就得抬出博士导师的牌子吓吓他。”

一般来说，陆士嘉从不愿把“我是某某的博士生”挂在嘴边，可那人实在狂得很，不得不用此办法。

35年以后的1973年，中国要在哈尔滨生产30万千瓦的水轮机。当时瑞士的埃舍尔机械厂(Escher-BBC)已经可以生产60万千瓦的水轮机了。这个厂的总工钟朗璇先生是此领域里的权威。说起来，钟朗璇先生还是张维当年在埃舍尔机械厂工作时推荐来厂工作的。有关人员找到张维，请他出面邀请钟先生协助指导。

钟朗璇先生来到哈尔滨看了厂里的生产状况后，认为技术方面不是什么大问题，主要的是经验，回国后便派了他的两名助手来帮助工作。两名瑞士人来京后，张维自然要出面做东，在他们下榻的友谊宾馆小餐厅宴请他们。一张圆桌子围坐了5个人：2位客人、3位主人——张维夫妇两人和儿子克澄。一开始，两位客人主要和张维用德语交谈，出于礼貌，也和陆士嘉用英语说几句。大概嫌说英语多少有点儿不那么顺口吧，其中的一人问："张教授，您的夫人可以讲德文吗？"

张维道："当然可以。"

两人便和陆士嘉用德文泛泛地聊了几句。出于礼貌，有一人夸奖道："张太太，您的德文讲得不错呀。"

张维笑了："当然啦，她是在哥廷根大学读的博士，普朗特教授是她的博士导师呢。"

两人一听，不约而同地起身，一人道："啊！原来您是普朗特教授的博士生，失敬失敬。"

另一个说："想不到在中国竟能遇见他老人家的学生，真是荣幸之至。"

又攀谈了几句，一人说："这得留个纪念。"道了离席之歉，回房间取照相机去了。自然各种组合都照了几张，但被摄入最多的当属陆士嘉了，虽然她很不愿意照相。

流体力学牵涉到飞机制造，时值"二战"前夕的敏感时期，因此外国人，尤其是作为德国敌国的中国人是不被允许进实验室的。这对于很多课题都要通过实验来验证的陆士嘉造成了很大困难。但陆士嘉凭着过硬的数学底子和缜密的分析能力，硬是用理论计算的办法处理了一个复杂的流体力学问题。把这一计算结果拿到实验室，竟然与实验结果完全吻合。这令普朗特教授高兴之极，逢人便夸他这个中国女弟子。

陆士嘉在哥廷根学习期间，认识了一些德国朋友，其中最好的要算是吉蓓尔斯(Siebers)了。她俩常常一起上图书馆，有时也一起去吉蓓尔斯家。这个德国姑娘是个非常孝顺的女儿，她的爸爸在第一次世界大战时死在战场上，连尸首都没找回来，妈妈伤心得哭瞎了一只眼。1940年德国在希特勒的统治下开始向欧洲各地伸出侵略的魔爪，也因此在国内大力征兵。吉蓓尔斯的哥哥和她的未婚

陆士嘉与女友吉蓓尔斯（1940 年）

陆士嘉与女友吉蓓尔斯的母亲

夫——一位物理学博士，也被征去当了兵。母女俩常常在痛苦和思念中流泪。每逢这时，陆士嘉总是陪伴在她们身旁，明知无用却也尽力地安慰她们。直到看她们暂时忘记了痛苦，才回到租住的阁楼间。

1941年6月22日，希特勒发动对苏战争。12月9日，日本偷袭珍珠港，中国政府对德、意、日宣战。此后大使馆撤走，中国留学生的处境也发生了变化，德国政府承认了汪精卫伪政权；他们拿的是“中华民国”护照，结果在德国反倒成了非正式的了。到期延长只能寄到中国驻瑞士使馆去办，在德国，他们实际上成了无国籍的难民了。

当然，在德国处境最惨的还是犹太人。自从1933年1月希特勒上台以来，立刻在全国范围内迫害和镇压犹太人及所有反对法西斯独裁的德国人。对知识界也不例外。德国传统上每年出版一本全国学术界的名人录。在1933年出版的名人录里，人名比1932年的少了1/3。消失的显然是犹太人和反法西斯人士。张维所在的教研室前主任汉斯·莱斯纳(Hans Reissner)教授就因为是犹太人而被免职，被迫去了美国。他与钱学森的老师冯·卡门教授当年在德国是齐名的。可惜他在美国不被重用，后来默默无闻地去世了。

由于犹太人出生后都要在犹太教堂受洗礼并登记注册，纳粹政府便按册搜索犹太人。1941年以后，所有留在德国的犹太人胸前必须佩带黄色五角星以明示身份。公共汽车不许犹太人坐，走路得溜边，食品配额也少于一般居民。1943年以后，犹太人被大批地送往集中营。张维在柏林先后住过的几家犹太房东，竟无一幸免。

有一位叫翁真的中国同学，在柏林高工学电机工程，平时不问政治，一日突然失踪。据说是受他的犹太人女友被捕的牵连而被秘密警察抓走了。当时大家曾努力想营救他，但是在德国连个中国使馆都找不到，同学们除了愤怒，竟然无法可想。后来再也没有听到他的消息，想来已不在人世了。

张维和陆士嘉每每谈起，对希特勒都是恨之入骨。甚至后悔当初光关注科技水平，没有关注政治环境。

1940年的冬天格外寒冷。德国因打仗而紧缩了国内老百姓的供应，粮食、肉类和奶类开始定量供应。陆士嘉的房东是个80多岁的老太太，儿女都不在身边。大概由于得不到很好的照顾，在新年前的一个夜晚死去了，棺材暂时停放在楼下的前厅里。晚上回来路过前厅时，陆士嘉多少心里有点发慌。不过她还没太害怕——一个死人怕什么！就上楼看书去了。

过了不知多久，听见楼下“咚，咚，咚”的敲门声，她下去把门打开，一个人没有，但觉一阵凉风迎面吹来。她嘟囔着：“谁呀，给我捣乱。”就又上去接着看书。

过了一阵子，“咚，咚，咚”，又是几声敲门声，她有点怕了，下楼来开门，啊！竟然还是一人也没有。一阵凉风掠过，她不禁打了个寒战。回过身来一看，倒抽了一口凉气——天哪，黑黢黢的棺材就在眼前！陆士嘉的腿一下子就软了，勉强往前走了几步打算上楼，啊！楼梯竟然没有了！“鬼挡墙！”她脑子里突然蹦出这个词来，再也走不动了，一屁股坐在地上足足有20分钟没动窝，心里怦怦乱跳，脸上全是冷汗。好不容易镇定下来，再往前一摸，总算摸到了楼梯扶手。此时陆士嘉的腿已经软得完全站不起来了，只好手脚并用，勉强爬上楼。进了自己的小屋，赶紧把门关上，还插上插销。书是再也看不进去了，只觉全身乏力。她倒在床上想：“要是张维在这里就好了，起码能壮壮胆子！”几年以来第一次强烈地思念起他来。唉，做完博士论文，还是结婚吧，一个人有时真的是挺难的。

1942年初，陆士嘉以一篇精彩的《圆柱射流遇垂直气流时的上卷》论文给她的博士生涯画上了一个圆满的句号。她获得了哲学博士的称号，而且是德国三级博士中的最高级——一级博士。这篇有

俩书虫共读（1942 年）

着长长名字的论文受到普朗特教授大大的称赞，并出面推荐她为德国最具盛名的洪堡奖学金的获得者。这样一来，起码她在经济上可以完全独立了，不用再麻烦远在中国的舅舅了。真是无心插柳柳成荫啊，她“名利双收”了。于是向张维发出了“可以结婚”的信息。张维见信，高兴得以手加额道：“老天爷，她终于吐口了！不然生了孩子只怕要叫我爷爷啦。”

此时张维已在柏林高工土木系的工程力学教研室当了助教，边教学边做博士论文。当助教有点工资，结婚是不成问题的。那时结婚还没有登记一说，只是要举行一个婚礼，向社会宣布：我们成婚啦，别人不用惦记了。张维和陆士嘉在德国的婚礼，就是找了几个同学，加上赵林克蒂，一起做了一顿饭。林克蒂那时已经和中国留学生赵西林结婚，按照欧洲人的习惯，名字前冠以丈夫的姓，就成了赵林克蒂了。

也不知是谁神通广大地买来一只甲鱼，打算给简单的“婚宴”增加色彩。可惜，这些人都是书虫，谁也不会做。一番讨论之后，有人出了个主意：“大概跟做鱼差不多吧，先在油里炸一下，再加水和佐料炖呗。”好家伙，这一炸不要紧，非但把甲鱼炸成了硬邦邦的完全炖不烂煮不熟的如同橡皮一样的东西，只能忍痛扔掉，而且把陆士嘉、张维两个人一个月的油都耗完了，接下来生生地吃了一个月的水煮菜，蜜月成了水月。

热闹的婚宴（1942 年）

婚后，他们租了郊区一个犹太老太太的阁楼间，在柏林开始了甜蜜而紧张的共同生活。这里虽然离城里远点儿，但房租便宜，兼之不远处有条小河，风景挺优美。逢到周末，两人带上自做的垫子，在河边选一僻静去处各自读书。中午背靠大树面对小河，就着新鲜空气和少之又少的香肠，几根胡萝卜，吃点面包。在战争空气笼罩的紧张气氛之中，也算得是个小小的“世外桃源”了。

张维的官费每月才110马克，加上工资也不过200多马克。可房租就花去了40马克，还得吃饭呢！平时中午两人在学生食堂吃，就算搭着吃也得2马克一顿。晚饭呢，开始还有时去中国人开的小饭馆，因为德国政府为照顾中国侨民，配给几个中国饭馆一些大米。

甜蜜小夫妻

即将做母亲的陆士嘉（1942年）

陆士嘉是南方人，爱吃大米，可市面上根本没卖大米的，只能到饭馆去解解馋。吃了两个月下来，两人一算账，大事不好，那点儿钱有一半贡献给餐馆了。看来晚饭只能改成自己在家做。所谓的做，就是煮个胡萝卜土豆汤，切两片香肠就面包而已。

两人一算计，如果打算要孩子，总还得攒点钱吧。陆士嘉忍痛告别了舍不得她走的老师，去了柏林高工，和张维一样也当了一名助教。

这时候，德国已经占领了捷克，整个欧洲处于“二战”前夕。在德国本土，主要的食品如面包、黄油、肉食、奶蛋等都实行配给制，凭票供应且逐月递减。黄油由每人每月500克渐渐减到250克、125克乃至50克。肉类就更惨了，到1943年初，每人每周才供应50克(1两)，这点肉小猫吃都不够塞牙缝的，甭说人了。这对于怀了孕的陆士嘉来说真是一大灾难，如同度荒一样。副食品差，就只好大吃土豆、胡萝卜之类。奇怪的是她倒反而吃得白白胖胖的，只是总觉得虚弱无力。

上班也成了问题。从家到高工的路要经过好几条大街，这些街道的交叉口上原来竖着各式各样的雕像，现在一律都换成了希特勒的像。每个路过的德国人都得在像前伸手致意，还要高呼希特勒万岁。他俩痛恨法西斯，痛恨把德国拉上战车的希特勒，为了躲过这些林立的雕像，只好弯过来绕过去的，每每要多走两三倍长的路。起初他们还不太在乎，只当是散步吧。可现在陆士嘉怀孕了，强烈的妊娠反应弄得她几乎连胆汁都吐了出来。张维看着她日渐消瘦的身体竟是束手无策。让她请假在家休息，她坚决反对。主要是不愿耽误学生，当然也为收入着想。她不但坚持天天去上课，而且照旧绕路。张维劝道："非常时期，就别管希特勒像什么了，路过时闭着眼，我牵着你，好不好？早点到学校少受点罪。"

陆士嘉摇头道："不，我懒得看那疯子，更不会给他行礼。"她忍着身体的不适，坚持照旧绕路。

在她的耳边，一直回响着小时候学的一首歌：

苏武留胡节不辱，
雪地又冰天，苦忍十九年。
渴饮雪，饥吞毡，牧羊北海边。
心存汉社稷，旄落犹未还。
历尽难中难，心如铁石坚。
夜坐塞上时听笳声，入耳心恸酸……

苏武，汉朝人，官拜太守。公元前一百年奉命出使匈奴，被扣作人质。苏武不肯背叛汉朝，匈奴单于就将他流放到西伯利亚的贝加尔湖边，让他放羊。直至十九年后，老单于死了，新单于要与汉朝修好，才将苏武放了回来。苏武崇高的气节成为中国人伦理人格的榜样，当然也极深的影响和鼓舞了陆士嘉、张维。这首《苏武牧羊》是他们哼唱最多的一首歌。

有一回，张维说吃酸黄瓜可以开胃，不如上西餐馆要点儿酸黄瓜吃。陆士嘉点着他脑门笑道："给我开胃是假，你要解馋是真。行，咱们就开一回洋荤吧。"

来到一间德国风格的饭馆，张维拿起菜单看了一阵，不禁皱起了眉头："怎么净是花体字啊，你认识吗？"

陆士嘉笑着摇摇头："不认识，谁叫你来的，别弄得菜也点不成。"

张维挺了挺胸道："怎么会呢，看我的！"

他捧着菜单看了一会儿，有一道菜叫"Rinder fleisch"（牛肉），那个R字卷来卷去地转了好几道弯，看着像个K字，就对女招待说："我要两份Kinder fleisch（小孩肉）。"

女招待笑眯眯地说："对不起，本店不卖小孩肉。"

四座的顾客听见这道吓人的菜，不禁哈哈大笑，把张维闹了个大红脸。抬头一看陆士嘉，正趴在桌子上笑得上气不接下气的，都快要呛着了，只好自我嘲解地也跟着众人呵呵地笑了起来。

在回家的路上，陆士嘉依然忍俊不禁地笑着说："这一顿笑，比酸黄瓜还开胃呢！"

由于是孕妇，陆士嘉食品供应里的那点牛奶由脱脂的换成了全脂的。眼看着房东犹太老太太只能喝那清汤寡水的脱脂牛奶，因而日渐衰弱，陆士嘉心里老大不忍，常常在取牛奶时有意把老太太的脱脂奶拿走，留下自己的那份全脂的。老太太故作不知、心安理得地受用了这份在战时极其宝贵的营养。陆士嘉好心地以为牺牲的是自己，殊不知其实苦了肚子里的孩子。就在1942年12月31日这一年的最后一天，他们的第一个孩子出生了。

为尊敬奶奶起见，张维想给女儿起名叫“张琴苏”（奶奶名叫籍琴友）。谁知去信请示后，当奶奶的不高兴了，回信说孙子辈的名字里怎能出现爷爷、奶奶的部分名字呢！并按孙子辈“克”字的排行，赐给孙女一个名字叫张克群。可怜呀，女儿生下来由于妈妈营养不良就没有母乳吃。在医院里因那些黄头发老德对黑头发的中国孩子好奇而被抱来抱去，又传染了水痘。这场大病一生就是半年。夫妻两人一边上班一边轮流照顾着，好不容易才算把孩子的病养好了。6个月大的孩子看上去像人家刚生的差不多。

克群长到半岁了，总该有件像样的衣服了。买吧，太贵，做呢，陆士嘉哪里会做衣服呢？连做饭都基本是张维的任务。张维常开玩笑道：“早晚你会把我造就成一名出色的厨师。”陆士嘉只好硬着头皮向教研室的女同事借来合适的小衣小裤。先是把人家的衣服拆开，将布片铺在自己的旧衣服上，依样画瓢地剪下来，再把两件衣服都缝起来。费了九牛二虎之力，第一套衣服总算做好了。两人小心翼翼地把“新衣服”给女儿穿上，算是她半周岁生日的献礼。打扮停当一看，居然还算可以。可是望着瘦得小鸡似的6个月了还直不起脖子的女儿，陆士嘉心疼极了。她抱起女儿，泪汪汪地对丈夫说："我不想工作了，我要竭尽全力好好看护咱们的女儿。"

张维拉着女儿瘦得透明的手，心里也不是滋味。他慢慢地摇晃着那只小手，忽然像是想起了什么，站起来走到书桌兼餐桌前，拉开抽屉拿出一样东西，回到妻子身旁。他的手搭在妻子肩膀上，把那样东西递到她眼前，小声问道："还记得这个吗？"

陆士嘉抬起泪眼看了一下，啊，钢笔，她送给他的刻着"勿忘祖国"的那支钢笔！

张维望着窗外轻轻地说："我们离开苦难中的祖国，在这个法西斯猖獗的地方艰辛地活着，难道就是为了养孩子吗？"

像是被泼了一盆冷水，陆士嘉顿时清醒了。她看着孩子的小脸说："别说了，我都明白。只是，孩子怎么办呢？不能眼看着她这么瘦弱下去呀。"

"我心里也着急呀，我看，我们得想办法托别人帮忙带一带。"

"托谁呢？正在打仗，谁有能力去养一个别人的孩子啊？"

张维抬起头环顾着房内糊着报纸的四壁道："想一想，咱们好好想一想。喔，对了。你的好朋友吉蓓尔斯也许会有办法，她心眼好，认识的德国人又多，说不定能有什么高招儿呢。"

陆士嘉一顿脚："哎呀，我怎么把她给忘了。前几天她来信还提起有什么困难一定帮忙。"她放下孩子立即提笔给好友写了封信。

在焦急中过了10天，回信终于来了。吉蓓尔斯说她在哥廷根东面的一个叫和平村(Friedland)的地方找到一家合适的人家。男的叫贝尼维斯(Beniweis)是村里的小学校长，39岁的他被征兵上了前线，家里只有3个男孩和他们的母亲。他们家是小学校与住房合在一起的，所以院落宽敞干净。男孩子最大的10岁，最小的3岁。他们表示很乐意接纳一个小女孩。还有个好条件是村里就有个奶牛场，喝鲜奶不成问题。

一口气看完信，两人真是忧喜参半。喜的是孩子可以有个好的生活环境了；忧的是那么远的距离，见上一面多不容易。张维说："他家全是男孩子，准喜欢咱们这个女孩儿。"

陆士嘉说："那可不一定，万一那些男孩子欺负咱们女儿怎么办。"

张维安慰她说："我想不会的吧。"

陆士嘉仍旧摇着头："不行，我可不放心。"

张维轻轻一拍桌子说："要不然这样吧，过几天就放暑假了，咱们利用这段时间去一趟和平村怎么样？实地考察。"

"这倒是个好主意！"陆士嘉终于赞同了。

为了节约时间和路费，他们把孩子也带上了。好呢，就留下，不行的话再说。他们先坐火车到卡塞尔城的吉蓓尔斯家，把孩子交给她的盲眼老妈代为照看，三人坐上长途汽车直奔和平村而去。

双方一见面，互相都很满意。陆士嘉看到那女人和蔼可亲、干净利索，男孩子们也都不怎么调皮，心就放了一大半；吉蓓尔斯又向她保证会常来看孩子。陆士嘉没了后顾之忧就高兴地答应了下来。

馋猫小群与爸爸、贝太太（1943 年）

及至将孩子交到贝太太手中，看着已经有点认人的女儿哭着伸出两只小手，陆士嘉还是忍不住也哭了，几次跑回去抱着孩子，在小脸蛋上亲个没完。直到贝太太笑着说要是真舍不得就再抱回去，她才不好意思而恋恋不舍地一步三回头地走了。路上吉蓓尔斯不断摇头感叹道，没想到整天钻在数学公式堆里的女书呆子，一旦当了妈妈竟软成了这副样子。

把孩子托出去了，当妈妈的心似乎安定了许多，但又好像分成了两半。白天准备下学期的教案，为多挣钱还要上辅导班；晚上躺在床上便思量开了：小群在那边适应吗？哭吗？想我们吗？吃得饱吗？穿得暖吗？一百多个问题在脑子里没有答案地来回翻腾。张

母女（1944 年）

维睡醒一觉，迷迷糊糊地摸着她的手：“又在想女儿啦，哪天有空我们去看看她，啊。”然后一翻身，呼呼地又睡着了。

陆士嘉叹了口气：“是啊，有空，可什么时候才有空啊？”

好不容易盼到了圣诞节和新年的长假，两人给吉蓓尔斯和她母亲买了些礼物就踏上了东去的列车。农村不通电话，所以当第二天一早贝太太看见他们时，喜出望外的双手一拍：“你们来啦！快看看我们的 Chinni。”德国人发不出“群”这个音，只好给小群起了这么个中德混合的名字“琴妮”，听上去像个山东妹子。

贝太太手脚麻利地从小床里抱出个白白胖胖的小娃娃来，穿着带白色花边的合身的粉色小衣服，还戴了顶一样颜色的小帽子。顿时让做父母的看呆了：这是我们那个又黄又瘦的小群吗？简直是圣诞节橱窗里的娃娃！陆士嘉激动地叫了声：“小群，我的女儿！”伸手就要抱她。

谁知粉妆玉琢的娃娃小嘴一瘪，哇的一声竟然哭了。贝夫人赶紧颠着她：“怎么了，宝贝儿？”

孩子用带着肉窝窝的小手指着亲生妈妈的头发，嘴里含混地说：

父女（1944年）

“怕，怕。”

陆士嘉愕然了，倒是张维脑子快：“啊，我明白了，她是看你的黑头发奇怪呀，哈哈哈哈！”

陆士嘉可没笑，她再次伸出手，用德文说：“不怕，不怕啊，我是你妈妈。”

孩子老大不情愿地扭了扭屁股，然后干脆转过脸搂着贝太太的脖子，不肯再回头了。陆士嘉顿时泪如泉涌。众人纷纷安慰她：“一会儿熟了就好了。”她这才止住了泪，开始细细地打量孩子。

张维问道：“我们并没寄多少钱，怎么够买这么漂亮的衣服呢？”

贝太太说：“这都是吉蓓尔斯女士买的啊。你们看，春夏秋冬的衣服一大箱子呢。”

一整天的工夫没白费，到了傍晚，孩子和爸爸、妈妈熟悉多了，很大方地允许爸爸、妈妈轮流抱着了。并且众人一说：“亲亲！”她就把红嘟嘟的小嘴凑到妈妈或爸爸的脸上，很响地“吧”的一声，亲上一大口，还要留些口水在他们脸上，这令他俩开心之极。

为了不给贝太太增加麻烦，三人搭了贝太太大儿子给他们找的在哥廷根卖牛奶的农户的马车，晚饭前就回吉蓓尔斯家去了。原计划第三天就回柏林去的，可陆士嘉实在太想看孩子，于是和马车夫约好转天的中午再去一趟。好在距离不太远，一个多小时也就到了。到了贝太太家，孩子正在睡午觉。好不容易等她睡醒了。刚熟悉了一点，又要回去了。陆士嘉真是不情愿啊！张维说道："要不然咱们就留在这儿吧。反正贝先生上了前线，这里正缺小学教师，咱俩就在这儿教书吧。"

明知不过是个玩笑，陆士嘉抬头望着学校边上的小教堂，无奈地叹了口气："好啊，我教小孩子挺有经验的。"然后，两人与女儿依依惜别，还是回柏林去了。

没过多久，为了更好研究实际工作中需要的课题，陆士嘉辞去了柏林高工的助教工作，去萨克逊堡造船厂的柏林设计研究部担任研究工程师。

1943年11月开始，盟军对德国本土的大规模轰炸开始了。英美的空军很守时，每天晚上12点准来。一出动就是2000架四个引擎的 Lancaster 飞机 。那段时间里，一吃完晚饭，陆士嘉就收拾好随身用品，坐在椅子上等着警报响。张维劝她道："先睡觉，等警报响了再走。放心，不会挨炸的。"

陆士嘉可不放心，她想："万一飞机提前来了呢？万一睡得太死没听见警报呢？"

于是乎一个睡觉，一个站岗。等到警报一响，张维跳起来就往外走，陆士嘉提着包包，跟在大步流星地丈夫后面钻防空洞。后来陆士嘉常半开玩笑地对孩子们说，她的心脏病有一半是那时候急出来的。

在柏林遭到第一次大轰炸时，2000架飞机在天上震耳欲聋地轰鸣，一阵投弹过后，霎时全市的水、电、煤气全部中断，整个城市陷入一片恐慌。次日，中国同学不约而同地来到康德大街的老于饭馆。大家经过分析，认为这两三天里还会有大轰炸，于是建议张维和陆士嘉去西郊——他们的好友孙德和家暂住。他俩赶紧回家以最快的速度收拾了两个箱子。刚刚跑到了十字路口站，空袭警报就响了起来。他们提着箱子气喘吁吁、跌跌撞撞地随着人流钻进一个临时防空洞。不一会儿，巨大的爆炸声令他们藏身的这个防空洞摇摇欲坠，一直晃悠。事后得知，这个车站防空洞的另一个出口被炸弹命中，死伤无数。两人庆幸自己命大。

后来听说他们认识的刘先智夫妇宣布，从此不钻防空洞了。他们说："宁可炸死，也不愿闷死。"

到了1944年初，德国的战败已成定局，盟国飞机的轰炸越来越频繁了。终于有一天，陆士嘉所在的设计研究部被炸得飞上了天。幸亏那天是周末，人没被炸着，但是工作丢了。两人一商量，干脆陆士嘉还回哥廷根找她的恩师普朗特教授去。当初他那么舍不得这个得意门生，回哥廷根大学应该没多大问题吧。这样不但可以继续搞研究，还可离女儿近一些。陆士嘉说："仗打到今天，德国肯定是快完了，可万一贝太太那个村子被哪个国家占领了，咱们又不在，一个中国孩子，又是个女孩子，会遭到什么样的命运，很难预料啊。真到了危险的时候，怎么着我和女儿也得在一起呀！"

张维的博士论文因为打仗，断断续续地还没写完，九十九个头都磕了，最后这一拜总不能不拜吧。只好冒着枪林弹雨留在日益破烂的柏林。

哥廷根大学倒是接纳了她，可普朗特教授推荐她去的空气动力研究所的主任里格尔斯是个纳粹党徒。进所伊始，他不问陆士嘉的业务，却先问对日本的看法。陆士嘉明白无误地谴责了日本军国主义侵略中国和东南亚国家的罪行，令这个法西斯分子大为不快，可又不好驳了普朗特教授的面子，就给了陆士嘉一间空屋子，让她在里面纸上谈兵地研究他给她的课题。陆士嘉几次要求进实验室，都被这家伙以各种理由拒绝了。而且所谓研究，就是给一大堆方程式让她解。至于这些方程式从哪儿来的，作用是什么，一律不告诉她。

不过，在这些公式堆里，陆士嘉还是发现了一些东西。比如，其中有几篇东西显然是有关飞机在飞行时进入水中的研究。陆士嘉想，法西斯正在蹂躏着全欧洲，绝不能让这项研究成功。于是在整理公式时故意将一处不易被察觉却又十分重要的数据做了更改。这样，得出的结论就会大不相同了。事后，陆士嘉把她大胆的行动告诉了张维，并且说："我不能上前线去消灭法西斯，起码能设法让他们少杀些人。"

做了几个月毫无意义的算术之后，陆士嘉忍无可忍，愤然辞了职，回吉蓓尔斯家帮她看护病中的妈妈去了。

此时在柏林的张维正在忙着写博士论文。特尔克教授对他说："赶紧写吧，不定哪一天，咱们的学校就被炸上天了，你我就只能到上帝那儿去做博士论文啦。"

1944年10月底，张维顺利地完成了论文答辩。他的论文解决了圆环壳受任意旋转对称荷载作用下的应力状态求解的问题。这是个理论性很强的问题，全凭着计算来完成。在那个没有计算机的时代，张维愣是天天摇手摇计算机。那可是个力气活儿！两年功夫下来，练得张维膀阔腰圆的，怪不得《键会》有赛事时，张维经常拿名次呢。

教授给他的论文以很高的评价，然后，锁上办公室的门，回家躲空袭去了。张维也着手做去哥廷根的准备。所谓准备，无非是和老朋友们告别，商量如何回国之类。

有一天，张维在朋友家赶上大轰炸。当他从朋友家防空洞里钻出来回自己租的房子时，发现自家左边、右边的楼都被炸成了瓦砾堆，他住的那栋楼倒奇迹般地矗立着，唯独入口被旁边那栋楼的废墟堵住了。四处张望半天，也没看见本楼居民的人影。他只好自己动手，将破砖烂瓦一点点搬开。费了九牛二虎之力，总算刨出一条“路”，进了屋门，又发现水电全没了。摸着黑胡乱过了一夜，第二天赶紧坐仍在通行的火车，去哥廷根与妻子女儿团聚。

家住哥廷根的陆士嘉同门师兄波尔教授因战时无事可做整天在家待着，听说陆士嘉的丈夫来了，就把自己的客房半租半借给这三口之家。张维看到波尔家有那么多书，简直像进了图书馆似的兴奋起来。他白天钻到书堆里看文献，想趁这段时间尽量多学些东西带回国去，晚饭后就跟波尔教授讨论问题，有学术方面的，也有时局方面的。

此时食品的供应已到了开战以来的最低水平，连面包都减到了每人每周两公斤，而且里面有一半是土豆粉，切面包时刀子常常被粘住。而且那玩意儿光有体积却不顶事儿。每人每周定量供应一条面包，这可是一周的量啊。因此每次面包一买回来，就得立刻切成七份，一天一份，不能超额。要不今天多吃了一口，明天就得少吃一口。那阵子张维饿得每天晚上一到十点肚子就咕噜咕噜地叫。两人开玩笑说肚子都能当闹钟用了。

波尔教授的夫人看张维瘦得像是风大了都能给刮跑了似的，就跟陆士嘉说："张太太，我有个小时的朋友，是个善良的女人，她开着一个面包房。我带你去认识认识她，说不定会有些好处。"

那女人还真给面子，在张维、陆士嘉去买面包时，总把特意留下的面包皮一起给了他们，并且是无偿的。天气好的时候，他们还同邻居一起去郊外采蘑菇什么的。靠着这些帮助，他们才熬到了战争结束。

4月底的一天，听说克群所在的和平村已被美军占领，陆士嘉吓得叫上邻居的一个小伙子，骑上自行车就奔了和平村。虽然贝太太说这里平安无事，而且因为美国与中国是同盟国，听说这里有一名中国孩子，还特别给他们比别家丰富的供应。但她还是谢过了贝太太几年来的悉心照顾，把女儿装在车前的小筐子里，带回了哥廷根。

持续了几个月的轰炸终于停止了。5月2日传来消息，说是美军占领了离哥廷根仅50公里的卡塞尔。在焦急之中又过了一周。9日那天早上，大家听见不远的地方传来隆隆的炮声，心里高兴极了。

以防万一，张维、陆士嘉抱着孩子跟波尔一家钻了防空洞——炮弹不长眼睛，谁知你是法西斯还是反战的老百姓？

不一会儿，听见咚咚的脚步声，大家从地下室低矮的窗子里向外张望，竟然看到了猫腰提枪跑步前进的美国大兵。波尔教授高兴地对张维说："张先生，我想这场该死的战争是结束了，我们解放了！"

大家立刻欢呼起来。张维的声音尤其大，因为终于可以回国了。倒把孩子吓了一跳，顿时哭了起来。众人大笑，陆士嘉颠着女儿："你是什么立场嘛，战争结束了，应该笑啊！怎么倒哭起来了？"

大家越发笑得欢了。这份发自内心的笑，在地下室里嗡嗡地回荡着，久久不曾散去。

波尔教授招呼道："张先生，我们是不是应该庆贺一下呢？"

张先生说："好啊，我们以水代酒，举杯庆贺吧！"

"不不不，这么大的事哪能喝水呢。"波尔教授转脸对太太说："亲爱的，去把咱们藏在地窖里的上好的摩塞尔(Mosel)红葡萄酒拿出来吧！"

酒倒在杯子里，张维闻了一下散发着醇香的酒，笑道："这么好的名酒在庆祝战争结束时喝，太有意义啦。"

大家放开肚子用面包皮就着红葡萄酒，频频碰杯庆祝战争的结束，一个个消瘦的脸上兴奋地放着红光。

波尔教授问张维、陆士嘉："你们今后有什么打算吗？"

张维说："我们早商量过了，回中国去。"

波尔低头想了想："也好，德国已经没有了，什么事也做不成啦！

回中国去，好，好。”

说说容易，可眼下怎么回国呢？德国战败之后，一切处于瘫痪之中，别说飞机了，连火车、汽车也都没了影子，一家子有辆自行车就足以令邻居羡慕了。再说，就算有交通工具，他们的钱也不够啊。但有一点是肯定的：不管怎么难，哪怕一点儿一点儿往回挪也要挪回国去！当年他们出来，为的就是要学了技术回去报效祖国的。

晚上，两人睡不着觉，琢磨着回国的事儿。陆士嘉说：“对了，我想起在萨克逊堡造船厂的柏林设计研究部时，听说在瑞士的苏黎世有这个厂的一个分厂。”

张维立刻从床上坐起来：“那好啊，咱们去那里工作一段，攒点儿钱再说。我前两天看杂志，说东北小丰满发电站的大型水轮机是瑞士的埃舍尔机械厂设计生产的，听说那个厂也在苏黎世。咱们就去那里吧，你去学造船，我呢，一直就对旋转机械中的受力问题感兴趣，正好到埃舍尔机械厂去工作一段。瑞士在‘二战’时是中立国，估计没受多大影响。”

陆士嘉发愁道：“可咱们怎么出德国呀？”

“想想办法。哎，在和平村时听贝太太说美军对中国孩子挺友好的，咱们找找美军帮忙怎么样？”

陆士嘉赞同道：“那倒是个好主意。”她又说起在哥廷根时，普朗特教授曾对她说，前来接收空气动力研究所的美军军方代表正是多年前的小学同学钱学森。她笑道：“要说起来，他还得管我叫声师叔呢。”

张维一时没转过弯来："为什么？"

"你想啊，他的老师冯·卡门是我老师普朗特教授的学生，我不是就比他长了一辈了吗？"

张维大笑了起来："哈哈，真的啊！"

陆士嘉急忙捂住他的嘴："嘘，小声点儿，人家波尔一家还在睡觉呢。"

张维放低了嗓门："上小学时他叠的飞镖老是比我的飞得远，气得我一点儿办法也没有。以后要是再见着他，我得叫他一声师侄，以报飞镖之憾。"

两人又悄声说了半天话，一会儿谈到战争终于结束的事，高兴一阵，一会儿又说起回国的途径，发愁一阵。直至有鸡的话该叫二遍了，这才蒙眬睡去。

第二天，张维立即着手给自己的博导特克尔教授写了封信，说明自己想去埃舍尔厂工作，请他给该厂写封推荐信。教授满口答应，信也立刻写了。可等了一个多月，厂方一直没有音讯。把他俩急得热锅上的蚂蚁一般，整日不得安宁。

7月的一天，张维上街溜达，正巧遇见瑞士驻德国领事穆乐先生。他跟穆乐一说这个情况，穆乐笑了："你算碰对人了，我跟埃舍尔的总经理是好朋友。"

敢情在外国也是"朝内有人好做官"呀。没过几天，厂方来信了，正式聘请张维任该厂研究工程师。这真是有福之人不用忙。有了这个聘书，瑞士政府才给签证；盟军司令部见到签证，批准他们离境。一件大事总算解决了。

听说回国的事有了眉目，波尔教授两口子再次邀请张维、陆士嘉共进晚餐。简单的晚饭和祝福后，波尔教授单刀直入地说道："张先生，张太太，我知道你们夫妇俩都是好人，我有件事要请你们帮助。"

张维说："只要我们能做的，一定帮你做。"他以为是向盟国军队做个证明什么的。谁知波尔下面的一段话，把他吓了一跳。

波尔沮丧地说："唉，看看德国现在的样子，我想象不出来将来会怎么样。也许德国将不复存在，也许我们会被抄家。"说到这里，波尔太太小声啜泣起来。

波尔搂住她肩膀："别哭，亲爱的，我这只是在往最坏的方面去想。"

他接着对张维说："张先生，我这里有一些白金，那是我毕生的积蓄，请你们把它带回中国去。如果以后德国平安无事，你再想办法还给我。德国要是灭亡了，"他停顿了一下，咽了一口吐沫："我要它也没用了，就算送给你们了吧！"

张维顿时张口结舌、目瞪口呆，他怎么也想不到要他帮的是这么个"忙"。他下意识地看着妻子，陆士嘉却朝他点点头。那意思就是同意喽？想了想，真也无法拒绝，只好说："好吧，我们以后一定想尽一切办法把它还给你。"

波尔教授松了口气："我相信我没有看错人，谢谢你们，谢谢你们啦。"

拿上这1.75公斤的白金，两人像是负了千斤重担。躺在床上小声商量着，还不知这个国万里迢迢的怎么个回法呢，这下又多了个包袱。可朋友有难不帮，也不合他们的脾气。陆士嘉此时俨然一个女侠："人家这样信任咱们，咱们千难万难也要把它保存好，带回去。日后我就不信没有机会还给他。"

此后，这一小包白金跟着他们漂洋过海，从欧洲到亚洲，从中国的南方到北方。奇怪的是，任凭他们出这国入那国、过五关斩六将的，从来就没有一个海关询问过诸如"你们是否带有黄金"之类的问题，他们也从未想到需要申报。大概是"二战"刚过，一切还都没走上正轨的缘故罢。

二十年后，1966年"文革"期间，有一天张家来了两位穿军装的人。他们敲开门后，一人开口问道："这里是清华大学10公寓14号吗？"

得到肯定的答复后，他又问："陆士嘉住在这里吗？"

陆士嘉闻讯出来说："我就是。"

那人打量了陆士嘉一下，说道："我们是海关的，请你跟我们走一趟。"就这样把她给带走了。

家里人不敢问，更不敢加以阻拦，只好眼睁睁地看着汽车离去，手里攥着一把冷汗：这是些什么人？会出什么事呢？

在汽车上，陆士嘉看着那几个穿军装的年轻人，百思不得其解：我怎么会跟海关有什么瓜葛呢？可又不敢开口问。及至下了车，迎出来一位中年人，看上去还比较客气，不像是要揪斗她的样子，就更令她糊涂了。

到了那人的办公室，人家请她坐下，然后，那个中年人说道："陆教授您好，先自我介绍一下，我姓季，是海关总署缉私科的科长。今天请您来，只是想问您一个问题。"

听他一口一个"您"的，陆士嘉松了一口气，暗想：虽说是闹"文革"，倒也不是人人都蛮不讲理。于是安下心来听他说什么。原来他是问波尔那一公斤多白金的事，问是怎样被带出国的。陆士嘉大略讲了收下白金的过程，并说他们俩一直等机会把它还给波尔教授。1956年，他们接待一位东德德累斯顿高工的霍夫曼教授来访时，问起是否认识波尔教授。霍夫曼教授说他们俩很熟，经常一起开会。于是两人就托霍夫曼教授将白金带给了波尔教授，了却了他俩多年来的一件心事。事后曾收到波尔教授的感谢信，还说将来你们的女儿可来德国学习，他提供经济担保证。

那位季科长听后，回过头去对其他人说："看来，外宾这里是一个漏洞。"

陆士嘉听得丈二和尚——摸不着头脑，问道："这里面有什么不对吗？"

"是这样，陆教授，您这个行动属于走私白金出国。当然啦，显然您是出于无知，也就不追究您的刑事责任了。"

陆士嘉不同意了："那是人家的东西，当时只是托我们保管，说好了是要还给人家的。"

季科长笑了笑："这您就是法盲了。根据我们国家的规定，凡是未经申报带进我国的金银财宝，都算是我国的财产了。”

陆士嘉摇摇头，觉得这条规定有点儿那个，不能接受，但也不想再和他讨论下去了。既然有规定，既然事情已经过去了，人家也没拿自己怎么着，就少找麻烦了吧。无论如何，自己没做什么对不起良心的事，白金也物归原主了，其他的事也就不去多想了。

关于白金的事，还有后话呢。1995年，张维去美国普林斯顿做东西方教育制度的研究。有一回，他去大学的图书馆想借几本书，偏偏认识的人林家翘教授不在。张维灵机一动，就找来整个大学的教授名单，想在里面找个把熟人。一看，发现里面有个姓波尔的教授。这是不是战前在德国认识的那个波尔的什么人呢？张维抱着一试的心情，就拨通了这位波尔的电话。

电话的那头说：“这是波尔，请问，您是哪位？”

张维答道：“波尔教授吗？我是张维。我看你的名字像德国人的名字。1944年在德国哥廷根，我曾经认识一位德国教授，他跟你同姓。请问……”

这边还没说完，就听见那头声音大了起来：“啊！你就是张维？我是波尔的儿子呀。哎呀，你人在哪里？我一定要见见你！”

两人在图书馆见了面，又一起吃了顿饭。席间，小波尔说：“当年我来美国念书，用的就是你们托人带来的那些白金。”并一再地道谢。

一般外国人是不大请人吃饭的，尤其是不熟悉的人。但小波尔不但请张维吃了饭，还带他再返图书馆，帮他借到了所有需要的书。

然后，千恩万谢地走了。

“二战”刚结束的德国，一切都瘫痪了。在德国刚刚投降、美军还没正式占领的几天里，一向守规矩的德国人在战争期间真是饿惨了，居然自发地抢起商店来了。张维听到这个消息后，没来得及跟妻子说，拔腿就随人群向最近的一家食品商店跑去。进去后看面包、香肠等都已被扫荡一空了，货架子上就剩做布丁用的布丁粉了，心想：好赖也算是食品，便尽其所能地抱起四罐子回了家。一路上直后悔没随身带个大麻袋什么的。

本以为妻子会谴责这一非分之举，谁知陆士嘉看到后，很是高兴，还埋怨为什么没叫上自己。

张维说：“哪儿来得及呀。要等你来了，连这东西恐怕也没了。”

“好，好。咱们可以拿布丁粉跟人家换点奶粉，给小群补养补养。”陆士嘉欣慰地说。

第二天美军到达后，立刻派人把各个商店都放了岗哨，这才制止了进一步的“抢劫”。

吃的东西有了配给，但想到冬季采暖的煤炭无法供应，大家不禁发了愁。幸好美军想出了一个点子：各家凭美军发的木材票，可以去附近的山上伐一棵树当作冬季取暖的木柴。有生以来头一回上山伐木，张维借了一把斧子、一把锯子，跟房东波尔教授一家一同上了山。只见达到可伐年龄的树都已做了记号。原来美军的环保意识挺好，专门派人到山上，一棵树一棵树地丈量周长。凡是够一定尺寸的树，都做上标记，表明此树可伐。他们贪心地挑了棵最粗的，一会儿砍，一会儿锯的，花了大半天工夫，才伐倒了两棵树，连枝带叶地拉回了家。

1945年末的一天，美军司令部派人对他们说，将会有一名军人和一辆大吉普车送他们出德国，让他们做好准备后告知一声。这时在哥廷根已经没有商店卖东西了。张维拿来的几大罐子布丁粉，现在正好拿出来跟邻居换些奶粉、面包什么的，当作路上的干粮。

属于张维家的那棵树，在临走前送给波尔家了。波尔太太感激得差点儿掉下泪来，说这样一来起码冬天不会冻死了。

一切准备停当，9月份，在一个难得的秋高气爽的日子里，他们一家三口们告别了波尔一家，又跟几个还找得到的朋友——学炼钢的赵西林和赵林克蒂夫妇、孙德和夫妇、学造炮的刘崇乐等互道了珍重，并约好国内见，就和要同时回国的季羡林、刘先智夫妇等六人一起坐上由美军一名少校护送、法军上士开的吉普车，离开滞留了8年的德国，踏上漫长的归国之路。

瑞士就像是另一个世界，不但有火车有汽车，房子也都好好地矗立着，就连人看上去都比德国的胖多了。男人也比德国相对多些。当瑞士人望着175厘米高而只有55公斤的张维时，那眼神分明像看一个从哪儿来的难民一样。不管怎么说，他们总算顺利地到达苏黎世，并且用他们响当当的履历分别顺利地当上了这两个厂的工程师。埃舍尔机械厂还给了一间小小的住房，3岁的女儿也进了厂托儿所。

在苏黎世的工作给了两个人理论结合实际的极好机会。德国人很注重实践，陆士嘉在读博士期间就开过机床，并且用木头车了一个内圆外八角的盘子。这盘子后来跟着他们漂洋过海，在家里一直担当着摆放水果的重任。

在这里操纵的都是真机器，更贴近他们各自的专业。正好埃舍尔机械厂担负着中国东北小丰满发电站的设计工作，张维以研究工程师的身份参与了这项工作。每每在家里谈起厂里的工作，两人都为临回国前能有这样难得的实践机会和为祖国出力而感到庆幸。

一年之后，小群的德国口音早已经换成当地的瑞士方言(有点儿像山西话)，他们的钱也攒够了。在此期间，他们曾想尽各种办法打听回国的途径。可很长一段时间都无法与中国驻瑞士使馆联系上。好不容易找到了人，又说因国内局势动荡，目前不能办理回国手续，让他们耐心等待。

1946年5月，他们终于得到盼望已久的通知，说是现在可以办理回国手续了。张维第二天就搭车去了伯尔尼的中国驻瑞士大使馆，说明由于战争而逾期滞留国外的原因。

手续办好了，使馆人员说："至于怎么回去，我们就无能为力了，连我们自己都快没人管啦。"

幸亏在早些时候通过朋友介绍，他们已经和在法国巴黎留学，并工作了好几年的汪德昭、李惠年夫妇建立了联系。汪先生在法国师从著名物理学家居里夫人的学生朗之万。当时朗之万已是数一数二的大科学家了，因此汪先生在法国也还颇有些影响力。汪先生来信建议说最好是从法国的马赛上船，跨地中海、出大西洋、绕好望角，再过印度洋，到越南西贡登陆，然后辗转香港回中国。这条路虽然绕远，但是在当时苏伊士运河被封，苏联也不通火车的情况下，这几乎是唯一的办法。经他们介绍走此路回中国的已经有两三拨人了。两人一商量，要想尽快回国，只好采纳这个办法了。

行李收拾好了，也向各自的工厂请辞了，就剩下把这一年攒下的钱从银行里取出来，再买两张火车票就可借道法国，正式踏上回国的路了。两人畅想了一晚上未来的前景，从进大学教书还是进研究室，一直谈到孩子将来干什么。第二天一早，张维去银行取钱，陆士嘉去接全托的女儿。孩子接了回来，一进家门，张维正坐在桌旁发愣，看见她们回来，赶紧迎上去："糟了，钱没取出来。"

"啊，为什么？"

张维两手相互捶着："你说要命不要命，偏偏在这个时候，瑞士国家银行说为整顿'二战'时期的财务，冻结一切存款，何时解冻，要等通知。"

陆士嘉也愣了："这可真要命了，谁知要等多久呢。"

沉默了两分钟，张维抬眼看着妻子："那也走！来，看看咱们还有多少钱？"

两人凑了凑身边仅有的钱，连钢镚儿都数了进去，算了算将够买票和路上的开销。到了巴黎，可以先向汪德昭、李惠年夫妇借钱，并把瑞士银行的事托给他们。对，就这么办！

他们再次谢绝了厂方的挽留，背上孩子，提着简单的行李毅然离开了瑞士。一家三口乘了三天三夜时走时停的火车，终于到了巴

干亲合影（1974 年），左起：张维、汪德昭、李惠年、陆士嘉

黎，见到了在火车站等候他们多时的汪德昭夫妇。

喜好玩乐的巴黎人即使是战争刚结束，依旧是游乐场、歌剧院繁荣得很。因为都是北京人，又是师大附中的老同学，汪德昭夫妇以极大的热情招待了饱受战争之苦，在一个“土”地方窝了一年的三个老乡。他们只有一个儿子，所以一下子就爱上了胖胖的、满口呱啦呱啦德文的小群，非要认作干女儿不可。在父母的指导下，孩子正儿八经地鞠了三个大躬，从此改称伯伯、伯母为干爹、干妈了。大家一高兴，第二天就一起去逛巴黎城。

先是去了一个游乐场。在一间黑屋子里，当一盏盏紫色的小灯打开时，除了人的白牙齿和眼白之外，其他都隐藏在黑暗里。大人们都笑了起来，却把小群给吓哭了。大家越是笑，那些白牙越是可

右起第一人为汪华、汪德昭之子，两个小孩分别是高晓松、高晓江

怕。孩子大声哭叫着，怎么哄也不行，怕影响别人，陆士嘉只好把她抱了出来。

第二天晚上要去听歌剧。可孩子怎么办呢？有鉴于昨天之事，她又听不懂歌剧。别说法文的了，德文的也听不懂啊，到剧场里面肯定要闹。

张维说：“我有主意了。”

陆士嘉问他什么主意，他说：“天机不可泄露。”

吃完晚饭，张维抱着女儿回到客房，将她放在床上就打开了屁股。当妈妈的听见哭叫声，急忙跑过来拉他：“干什么呀你这是？”

张维一面继续“行凶”，一面说：“苦肉计，一会儿她哭累了就睡着了，我们好去看戏。”

陆士嘉大急："有你这么当爸爸的吗！我不看啦，我陪着她！"

可是孩子无端遭打，委屈得不行，连气带哭的已经疲劳了，没过两分钟便抽噎着睡去了。汪德昭笑道："不失为好计也，就是狠了点儿，周瑜愿打，黄盖不愿挨。"

反正孩子也入睡了，估计这一觉怎么也得仨钟头。陆士嘉不愿扫大家的兴，只好一起去了歌剧院。在剧场里如坐针毡。回来一看，孩子仍在呼呼大睡，这才彻底放下心来。

从马赛搭上轮船，一家三口在茫茫的大海中漂泊了一个多月。张维和陆士嘉都晕船，尤其陆士嘉，几乎天天都要吐一阵。倒是小群若无其事地迈着小胖脚走来走去，快乐得很。

到了西贡，看见在欧洲从未见过的香蕉，小群说要吃。两人一摸兜，钱不多了，就只买了一根。看着女儿甜甜地大口吃着，张维、陆士嘉站在一旁心里真高兴。张维用孩子听不懂的中文对陆士嘉说："得，这就算我赎罪了。"

陆士嘉诧异道："什么罪呀？"

"你忘啦，在巴黎为了听歌剧我曾经打了她一顿。"

"噢。你不说我还真忘了。对，该有一罚，就罚你这馋猫在一边流口水吧。"

张维故作紧张："赶明儿女儿长大了，可别告诉她有此一段啊！"

在办理签证时却遇到了麻烦。官方看到他们那本用了9年的烂护照上又是德国签证，又是瑞士的、法国的，便认定他们是难民。跟他们申辩吧，没人懂英文，更别说德文了，张维两口子既不会说法文，也没学过越南文。得！昨天三口人还自由自在地遛大街、吃香蕉呢，这会儿成了难民了，不由分说就给弄进了难民营。

张维看着焦急的妻子，不得不安慰道："也不错，起码有地方吃饭睡觉了，还是免费供应。"

陆士嘉瞥了他一眼："什么时候了，还有心开玩笑。"

张维说："要是光着急就能出去，我比你还会着急。来，咱们想想办法。"

问来问去，总算有一名管理人员懂英文，于是请他设法通知中国驻越南大使馆，让大使馆出面救人。大概是官方嫌难民营人太多了，或者此人颇有爱心，总之把大使馆的人给请来了。经过一番交涉，总算是结束了三天的难民营生活。

在使馆人员的协助下，三人顺利地买到从西贡到香港的机票。

张维不无高兴地说："我说吧，塞翁失马，安知非福。要不是这趟难民营，也换不来使馆的帮忙。"

第五章

大爱无痕　境界高远

1946年7月，在阔别祖国9年后，张维、陆士嘉终于又踏上了这片土地，这片苦难深重，为他们所深深眷恋着的祖国的土地。

张维先是应了一起留德的朋友李国豪教授之聘，到了上海同济大学。同济大学历来属德国系统，到那里教书，对留德的他们来说似乎是顺理成章的事。但张维心里却惦记着在天津的母亲：这么多年，自己在外面，没能尽孝道。一切事情都压在哥哥、嫂子和两个姐姐身上。现在回国了，怎么能老在南方呢？他跟李国豪谈了几次，表示要去天津。不让朋友尽人子之孝道，有点不近情理。李国豪只好答应了，虽然不无遗憾地表示，如果张维能继续留在同济，他俩一起在事业上一定能干出点名堂来(李国豪是造桥的，属土木专业,张维跟他也算是同行)。

张维夫妇事先并未与天津的任何学校有联系，当时只是一门心思地要去天津。他们本打算到了那里再说，车到山前必有路嘛。

到了天津港，刚一下船，意外地竟看见北洋大学校长李书田在岸上等着他们。李校长笑眯眯地说："欢迎到北洋大学来工作。"

两个人丈二和尚摸不着头脑：我们没有说过到北洋大学来呀！

李校长假装没有看见他们的惊讶，继续笑着说："我们北洋大学可是允许夫妇俩都当教授的呀！"

两人互相看了一眼，异口同声地说道："真的？"

"千真万确！"李校长用他浓重的乐亭口音指天发誓，又补充道："房子都给你们准备好了。"

小群听不懂中文，在一旁专心地看着这个陌生人。李书田一把抱起她来，不容两人插嘴，接着说："咱们虽然没有幼儿园，但孩子也有四五岁了吧，就提前上小学吧。"

还能说什么呢？盛情难却呀。再说，夫妇俩同执教鞭也是他们所希望的。就这样，两人被"劫持"到了北洋大学。

当然，人到了天津，首要的事情是去拜见老母。奶奶还没见过孙女呢。

一家人重新团聚，自然是高兴得不得了。尤其是有克群这么个小精灵，胖胖的惹人爱。大家围在她身边逗她玩，突然，从她小嘴里冒出一句中文："我是德文人。"把大家逗得不亦乐乎。

在母亲家住了几天，实在是有点挤。加上北洋大学很快就给他们分了房子，又解决了克群的入学问题，他们就搬到学校去了，只是每星期过来一次。

张维曾在北洋大学土木系读过一年书，算是重归故里吧，仍在土木系教书。陆士嘉则去教航空系和机械系合上的基础课——物理。

事后与李书田相处熟了，问他如何得知他们夫妇的行程的？李先生笑眯眯地说：“有人向我告密，哈哈哈哈。”

在这里，他们意外地碰见了老朋友赵林克蒂，她正应聘在北洋大学教英语。

北洋大学对学生的外语水平要求挺高。张维班上有个学生，因为英文不及格，学校让他留级。这个学生找到张维，哭着说他家挺困难，供他上学已经很不容易了，再要多念一年，实在是撑不下去。张维很同情这个学生，可又不能违反学校的规定，就去请求赵林克蒂帮忙。赵林克蒂用了一个暑假的业余时间，天天给这个学生补课。开学前，他以不错的成绩通过了补考。

在北洋大学，陆士嘉平生第一次登上了讲台。她很重视这个难得的机会，每堂课之前都认真备课。听过他的课的学生都反映，陆先生讲的课深入浅出、通俗易懂。有的同学反映，说声学光学的那些单位什么分贝啦、勒克斯啦的太难记。回家后她就跟张维商量，张维说：“编些顺口溜吧。记得我小时候学英文，常常自己编些顺口溜来记单词。好些段子到现在还记得清清楚楚的呢。”

吃完晚饭，两人一面翻书找该记的物理单位，一面编着顺口溜。直搞到后半夜，陆士嘉才满意地睡去。果然学生反映极好。

克群在这里上了小学一周后的一个星期天，小学的一位女老师来家访。出于礼貌，开始她称赞了孩子几句，说她如何活泼可爱，等等。然后就开始抱怨道：“这孩子呀，真够呛！她竟然在课堂上走来走去，还问我会不会说德文！你说说，啊，我又没有出洋留学，我怎么会说什么德文呢？这不是要我难看嘛！”

陆士嘉连连向她道歉，说孩子小，不懂事。

“小，别上小学呀，找人看着去！”她不依不饶。陆士嘉只好继续说好话。

临出门，那老师还愤愤地大声说道：“赶明儿她要是再说洋文，我就申请出国留学去！”

好不容易把老师对付走了，陆士嘉就跟张维商量，是不是以后不跟孩子说德文了。因为她以前一直养在德国人家，没机会说中文，他们为了迁就她，在家里一直说德文。

张维说：“我想她不至于是有意给老师难堪吧。一个4岁的孩子，哪儿会有这么复杂的心思，只不过是中文说不好罢了。”

陆士嘉坚决地说：“那也不行，在课堂上影响不好。你没见那老师有多不高兴。我们还是不跟她说德文了吧，这样她的中文能学得快一点儿。”

正说话间，克群满头大汗地跑了进来：“muty! Ich muchte ……”

陆士嘉打断了她：“要说：我想要。”

孩子站住了，张大了嘴，有些愕然道：“窝乡要。”

“不对，是我——想——要——”

孩子认真地看着妈妈的嘴：“我——想——要——”

陆士嘉笑了：“对，对！好极了。”孩子也笑了。

只有张维不无遗憾地想：“可惜了！一门外语白扔了。”

德文不说了，但中文又说不好，怎么办？陆士嘉决定加强对女儿的中文教育。这天是星期天，吃过早饭，张维照例去收拾碗筷，陆士嘉把女儿叫到跟前："小群，咱们来玩个游戏吧。"

孩子跳着脚高兴地学道："玩游戏！玩游戏！"

陆士嘉慢慢说道："现在我们都是鸟，我是鸟妈妈，你是小鸟。我在前面飞，你跟在我后面，一边飞，一边跟我唱，好不好？"

"好！我是小鸟！我是小鸟！"孩子兴奋地先唱了起来。

"咱们开始了啊。"陆士嘉开始慢慢地迈着步子，两条胳膊一上一下做飞翔状，嘴里唱道："飞飞飞飞，这个样子飞飞。快快飞，慢慢飞，这边飞来那边飞去飞，飞。"

孩子跟在后面也摆动着胳膊，同时跟着唱。

"你不要慌，你不要忙。"陆士嘉回过头来，朝孩子点了一下头，继续唱："老鹰老雕真可怕，坏心肠，那你要提防。"

孩子停下来发问道："老鹰老雕是什么？"

"那是一些坏蛋，是很大很大的鸟，专门吃小鸟。"陆士嘉解释完了又张开"翅膀"，重复唱道："老鹰老雕真可怕，坏心肠，那你要提防。还有那，猫大娘；还有那，蛇大王。它们都能够爬上墙(用手做爪子挠墙状)！它们都能够爬进房！你要时时刻刻记在心头上。"

这时陆士嘉再次回头唱道："我的女儿呀！"然后说："你唱：我的妈妈呀。"

等孩子唱完这句，两人就快步跑着，上下摆动着胳膊，嘴里一面唱着模仿鸟叫的结束句："嘎叽嘎叽嘎叽嘎，嘎，嘎。"

就这样，两人在小小的屋子里转着圈子，一遍一遍地"飞"着，唱着。直到孩子彻底学会了，才算上玩了这一“飞行课”。

后来，这个游戏成了娘儿俩的保留节目。一有闲暇，就飞上一段。克群最喜欢有关猫和蛇的句子，一唱到这里，就迫不及待地用小爪子在空中挠着，用吓人的声音唱着。要是有爸爸做听众，她还要去挠挠爸爸的腿，这时张维就举起双手，憋细了嗓子：“我怕！我怕！”逗得女儿开心地大笑半天。

不久，陆士嘉发现自己怀孕了。她本想不要这个孩子的，可是张维说，当奶奶的到底还是老派的人，来了几次信，字里行间盼个孙子。再说现在已回国了，怎么说也比在国外条件好多了。陆士嘉叹了口气：“女人到底是女人哪。不论你多忙，也得完成这个任务。”

张维笑道：“据我所知，你那好榜样居里夫人也生了好几个孩子，是吧？”

陆士嘉一想，那倒也是，生就生吧。幸亏这一回妊娠反应不太厉害，甚至没怎么吐。时值冬天，她瘦瘦的身体在棉衣的掩护下，旁人完全看不出怀孕的迹象。生产时赶上放寒假。生完孩子一个月以后，她就上课去了。整个过程中，学生们竟然没有发现她缺过课。

在怀孕期间因为教材不够，陆士嘉常常自己动手编教材，刻蜡版。有一天张维看她大腹便便地坐在木头椅子里太窝得慌，就让她躺床上休息，由自己来替她刻。

第二天陆士嘉一看张维的“成果”就急了：“瞧你这笔破字，学生看着多费劲！唉，还是我来刻吧！”

张维分辩道：“总不能让我的劳动就白花了啊！再说你要是把

身体累坏了，还得找人代课，更不好了。”

陆士嘉让步了：“好吧，这几张就这样吧。以后还是我来刻吧。”

张维知道陆士嘉历来固执，劝也白劝，便不再说什么了。只是每天早上都更加精心地把妻子该吃的钙片啦、鱼肝油啦给她预备好。她想起第一个孩子的教训，便乖乖地捏着鼻子把那些营养品都吃下去。

有一天，他们家来了一位陌生人，带来张维中学同学段永强的一封信，说有个姓何的人，是段永强的一位远房亲戚，是大学毕业生，却因种种原因目前处于失业状态，生计成了问题，希望他们能帮忙。张维两人依稀听说段永强在抗日战争时期在北京的西山。他们所尊敬的一位中学教师也在西山。那儿是人人皆知的八路军根据地，因此段永强的请求必然有一定的原因。不管怎么说，老同学的这个忙是一定要帮的。

没过几天，家里果然来了个年轻人，自称是段永强的亲戚。张维一看，这小伙子真是挺狼狈的，身上的衣服好几处打着补丁，面带菜色。但这些都掩饰不住他英俊的脸庞，尤其是闪着的聪慧眼睛。陆士嘉一看就喜欢上他了。她温和地问这个稍显拘谨的小伙子：“年轻人，你叫什么名字呀？”

“何东昌。人可何，东方的东，昌盛的昌。”来人答道。

“好名字！”张维不禁称赞道，“我们东方早晚会昌盛起来的。”

何东昌抬头看了张维一眼，脸上露出了笑容。

陆士嘉想抢走这个年轻人，就问道：“听说你在大学时，成绩不错，我可以考考你吗？”

得到了肯定的答复，陆士嘉立刻找来几张纸，当场出题，当场判卷。结果成绩令她满意，便决定向北洋大学推荐他，打算让他当自己的助教。

何东昌心里一块石头落了地，从心眼里感激这两位从国外回来，却没一点架子的“洋博士”。

没过多久，张维就给回到上海等信的何东昌去信，告知北洋已同意录用他了。这样，在1946年底，何东昌就到了天津。除了跟陆士嘉上课、整理教材、刻蜡版什么的，还抽出时间去听张维的课，并觉得从中受到不少教益。后来，张维、陆士嘉去了清华，又把何东昌带到清华航空系，还当助教。

北洋大学有一些进步的教授，其中一位新中国成立后是天津大学的校长，喜欢打桥牌，几个牌友常在一起交换一些新华社的消息。何东昌也常去这里，一方面了解教授的思想状况，同时也告诉他们一些解放战争的进展情况。张维和陆士嘉从不打牌。两人除了上课就是在家备课，不大与人接触。何东昌就借故去拜访他们二位，主要目的是给张维和陆士嘉传播这些信息。他俩听了，很是欢欣鼓舞。

寒假后，确切地说是1947年的3月10日，第二个孩子顺利降生了。第二个孩子如奶奶所愿是个男孩。这个7斤重的大胖小子头发极好，又黑又密，一看就知道是钙片起了作用。按张家的排法，起名克澄，希望他干干净净地做人。

克澄满月（1947年）

在天津待满近一年，1947年秋，钱伟长教授再次来信催他们，说他一人实在担当不了全校的力学课，希望他们赶紧去清华。恰恰在这个时候，陆士嘉收到母亲的来信，说她得了肺炎。陆士嘉是个孝女，想到这么多年在国外，没有能就近孝顺母亲，心中十分不安。张维看出了她的心事，主动提出来还是回北平去吧！工作的事情到时候再说。于是他们充满歉意地辞别了一再挽留他们的李书田校长，携儿带女回到阔别十年的北平。

清华在日本人的铁蹄下被蹂躏了8年，已是惨不忍睹，连那么美丽的体育馆都被野蛮的日本兵当作马棚。原有的空中跑道被拆了，室内篮球场的木地面被拆了，到处是臭气熏天的马粪、马尿和沤烂的草。就连当时北京独一无二的室内游泳池也没能幸免。图书

左起：张培英、施今墨、陆士嘉（1950 年）

馆被当成伤兵医院。别说书架子，为了方便从二楼往下倒污物，好好的木地板都给凿了好几个大洞。

日本投降后，除了原有的教职员工从各地陆续返回外，又招聘了不少新人。清华校方的“保管委员会”出面，向“善后救济总署”北平分署申请“以工代赈协款”，一面修复被破坏的建筑；一面在清华南面着手建造新的职工住宅。张维一家先是在刚刚施工完的胜因院27号住了半年多，随即迁到分配给他们的23号安顿了下来。

陆士嘉一时没有什么教学的安排，可又不愿闲待着，就和张维商量着办一个讲座，介绍国外有关力学的最新研究成果。因为听众是土木系的师生，特别增加了介绍壳体结构的内容。讲座用了两小时，可为了准备，两人花了两个星期，还不包括在国外拍照片的时间。这次讲座给听众印象最深的恐怕还不是它的内容，而是做报告的人：一对三十来岁的夫妻，男的温文儒雅，女的亭亭玉立，却已经是洋博士了。听众之一、后来成为张维学生的龙驭球当场议论道："呀！天外飞来的双子星座。"

但陆士嘉却因清华的"夫妇俩不能同为教授"的歧视性规定，到水工实验室当了一名工程师。明明有航空系，并且缺教授，却不能去教课，她心里真是别扭。千辛万苦地回了国，只说是可以为国家的航空事业培养人才了吧，却干起了和她的专业几乎不着边的测水流泥沙什么的。可无论如何这是自己的国家，有点儿委屈就忍了吧。好在不打仗了，孩子们也都在身边，又能不时地去探望两边的母亲，日子过得比在国外踏实多了。

不能教空气动力学，那就教德文吧。陆士嘉实验室里的助理研究员龙驭球是个勤奋好学的小伙子，他正在自学德文。陆士嘉便自告奋勇当他的辅导老师。龙驭球每周去张家一次，陆士嘉就给他讲讲语法，纠正发音。龙驭球是湖南人，"扶"和"胡"分不清，再就是"l""n"不分。陆士嘉为了说明正确发音的重要性，想给他一个深刻的印象，就讲了个故事：清代乾隆时期的大文人纪晓岚爱逗乐子。有一次跟几个湖南、湖北籍的朋友开玩笑说："快过节啦，咱们糊些灯笼吧。糊什么颜色呢？头子——司扶伯地(兔子——是糊白的，湖北人称湖北为"扶伯")，乌龟——司扶兰地(乌龟——是糊蓝的，湖南人称湖南为"扶兰")。"那几个人的"湖""扶""南""蓝"发音不清楚，结果被纪晓岚一顿戏弄。龙驭球听完这个故事，红着脸笑了。不知他在家是怎么练的，只知多年以后，他指导自己的孙辈学英文，“n”“l”读得一清二楚。

1948年，自从11月份以来，就常听见北边有闷雷似的炮声。这炮声越来越近，越来越密。人们纷纷传，说解放军快打过来了。某日，张维从办公室回来对妻子说：“听说梅贻琦校长已经进城避难去了，有人打算把家属迁到城里，学校已经同意开校车加班把他们送进城去。怎么样？咱们进城吗？”

陆士嘉坚定地说：“进城干吗？我看咱们不用去。第一，咱们一家四口，住谁那里也是人家的负担；第二，听说解放军对老百姓秋毫无犯，咱们一个老百姓怕什么？”

张维赞同道：“我说也是。而且听说一些学生已经组成了护校队，防止仗打到学校里头来。”

“有自己学校的人护校，那就更安全了。”陆士嘉更放心了。

第二天(12月13日)，碰巧张维有课，是给机械系上的一堂“理论力学”。课堂上已经没几个人了，有一位学生却专注地坐在那里听课。下课了，张维好奇地走过去：“这位同学，你叫什么名字？”“我叫包锡芬。”他回答道。

“噢，包锡芬同学，你快回去吧，只怕这两天学校会乱起来呢。”

“乱不了多久啦！我们学校就要解放啦！”

望着他离去的背影，张维发呆了：“他是什么人？共产党员？”

过了不一会儿，只听西面枪声响成了一片，还夹杂着炮声。到了晚上，却又安静得出奇。两人彻夜未眠。他们一面倾听着外面的动静，一面讨论着共产党来了会怎么样。当然，结论是没有的，因为他们对共产党了解太少。除了知道解放军打国民党如摧枯拉朽，别的就不大清楚了。倒是对国民党，他们早已完全失去了信心。

14日一早，陆士嘉说她不去上班了，在家照看俩孩子，以防有什么意外发生。张维说去办公室看看。可孩子们刚吃完早饭，他就回来了。

陆士嘉担心地问道："怎么一转眼就回来啦？出什么事啦？"

"不上班啦！"他把妻子拉到一边，兴奋而紧张地说："学校已经宣布停课了。你猜我刚才在路上听说了什么？"

陆士嘉道："解放军进来啦？"

"还没有。倒是国民党兵进来啦。"

原来是国民党军队的炮兵要求把他们的炮兵阵地设在清华，以对抗解放军。实际上，一辆10轮大卡车拉着两门大炮，已经放在气象台附近的空地上。20多个国民党兵正在挖战壕。校长梅贻琦进了城，后来又去了台湾，学校的事由叶企孙代管。叶企孙跟几个人商议了一下，便亲自出面与一名军官谈判。经过一番交涉，国民党军队的炮兵终于撤了出去。此时墙上已经贴有校巡防委员会的布告："清华园外已进入战争状态，同学人等绝对禁止外出。"

张维对妻子说："看来解放军进学校，也就这一两天了。用不着外出，在学校里头就能看见了。"

他们讨论着，会不会在校园里打起来。万一真的打仗，枪子横飞的，孩子们怎么办，躲到哪里去？办法还没想出来呢，就听说解放军进了清华园。所有的住宅区都像开了锅似的。人们走来走去地传着：“解放军来啦！解放军来啦！”

张维赶紧跟刘妈交代了几句：“中午吃简单点儿，炸酱面吧。”然后拉起妻子的手，兴奋地边往外面走边说：“走，上西大操场去！”

陆士嘉被拉得一路小跑，一面跑一面问道：“干吗去呀？”

“解放军来了，在西大操场讲话呢!”

两人来到西大操场，见到体育馆看台周围挤满了人。主要是学生，也有教职员工。体育馆看台上站着一位威武的军人，穿着皮大衣，头戴翻毛军帽，正在和蔼可亲地回答挤满一看台的学生们七嘴八舌的提问。

这是他俩第一次亲眼看到解放军。那个解放军人看着挺威武，他用勉强能听懂的湖南话说道：“人民解放军日益壮大，蒋介石反动势力则每况愈下。东北已经全部解放了，全国胜利在望。我们对北平城围而不攻，因为它是文化古都。为了不破坏它，我们绝对不会轻易地放一枪一炮。我们攻占防守严密的锦州，只用了32小时，北平自不待言，指日可下。听说北平的学生最富正义感，希望你们今后努力学习，参加未来新中国的建设！”

天寒地冻，眼镜片罩上了一层雾气，时不时还得拿下来擦一擦。但这一切都不妨碍他们的兴奋和好奇。这通讲话不时博得台下学生们的阵阵掌声。他们俩挤在人堆里，被新奇和激动感染着，踮着脚看着，极力地听着。讲话的人下台去了，人们还不肯散去。直到体育馆里出来一个人，大声对看台下的人群说：“清华园已经解放啦！解放军派来的代表正在跟校方商谈，希望大家维护学校安全，防止坏人破坏。天挺冷的，大家先回家去，等有了进一步消息，再行公布……”

话还没说完，就被学生们“解放啦！解放啦”的欢呼声打断了。这声音随着笑声迅速传遍了整个清华园。

后来他们知道了，其实解放军的大队人马还没进来，来的只是几个干部。那个讲话的人是解放军第十三兵团政治部主任刘道生同志。

陆士嘉在回家的路上边走边纳闷：“这就叫解放啦？也没放点儿炮仗，也没开个会宣布一下。”

张维猜测道：“人家不是说了吗，北平还没解放呢，解放军多半还正忙着，没功夫开会什么的。”

他猜得没错。那些日子，解放军包围北平城，正与傅作义进行和平谈判。

在对北京“围而不打”的那段日子里，北京周边的新解放区，包括清华在内，物资供应一时不大跟得上。当时在新区流通一种临时的“边币”，由军管会挨家挨户发放。可以用它在清华园里的供销社买米、面、糖什么的，而青菜等鲜货就很难买到了。他们听说在清华西门外的水磨村可以与农民以物易物，就用暂时穿不上的衣服换了些鸡蛋、大白菜等，度过了一段小小的“困难时期”。

那些日子里，清华园里整天热热闹闹，锣鼓喧天的，学生们都像上足了弦的机器一样，唱个不停。解放军的文工团每天晚上在大礼堂前的广场上演出。张维和陆士嘉是每场必到，他们早早地吃完晚饭，一人带上一个小马扎，穿得尽量厚些，到广场上去坐着。演出从七八点钟开始，一直演到深夜。节目中，最令他们感动的是秧歌剧《血泪仇》《赤叶河》《白毛女》。

《血泪仇》讲的是老实农民王仁厚一家的生活遭遇，特别是他从国统区逃到解放区的经历。控诉了国民党反动派强加给人民的血泪遭遇，歌颂了共产党领导的解放区的光明世界，因而激发了人们对国民党的更深的痛恨、对共产党的更大的热爱。《赤叶河》讲的是农民王大富一家与赤叶河众多乡亲受尽恶霸地主吕承书剥削压迫的故事。好色的吕承书看见王大富的儿媳燕燕儿年轻俊美，就将她强奸了。遭受凌辱的燕燕儿向丈夫王禾子泣诉委屈，但王禾子却误认为妻子变了心，燕燕儿悲苦难诉，含恨投河自尽。八路军解放了赤叶河后，在外颠沛流浪的王禾子回到家乡。王禾子准备和乡亲们一道搞土改闹翻身。吕承书狗急跳墙，月夜竟放火烧山，打冷枪欲置王禾子于死地后逃跑，却被王禾子和民众捉获。诉苦会上，王禾子与众乡亲彻底清算了吕承书的罪恶，当家做了主人。

看这些节目时，两人常常被剧情感动得不能自已。看到《赤叶河》里可怜的燕燕儿投河自尽时，陆士嘉甚至泣不成声。他们联想起小时候看见的要饭的、冬天冻死的“倒卧”。以前总以为是那些人命不好，现在才有点明白了，那叫阶级压迫。回家后，两人还不断地交流着观后感。

他们看见前头观众当中坐着一位披着军大衣的干部。听旁边的人说，他叫张光年，也就是光未然。台上演的不少节目，就是他的作品呢。陆士嘉看着他的背影，心中暗暗钦佩，感到共产党人和别人不一样：一个共产党的大作家、大诗人，居然也搬个小板凳，跟他们一起坐在露天广场上挨冻。她想不起在别的什么地方有这样的情景。过去唱戏的“角儿”们，好家伙，那个气派，前呼后拥的，老百姓想看一眼都难。

他们第一次感到，共产党和别的党派，比如国民党吧，就是不一样。共产党是为人民的好党。

不久，张维也哼起了“我们是民主青年，我们是革命的先锋”。

陆士嘉笑道：“咦，几天的工夫，成了青年啦。”

张维把胸脯一挺：“我才35岁，可不是青年嘛。”

12月18日，清华西校门外贴出了解放军十三兵团政治部的布告：“查清华大学为北方高级学府之一……应本我党我军既定爱护与重视文化教育之方针，严加保护，不准滋扰。尚望学校当局及全体学生，照常进行教育，安心求学，维持学校秩序。”消息传出，一拨一拨的人去看。人们觉得亲眼看一下解放军的布告才算放心。

12月19日，用作报警的那段吊在树上的铁轨突然响起急促的“当当当”的声音。张维赶紧拉着女儿，陆士嘉抱起儿子，后面还跟着张维的姐姐张慕昭，越过房子东面的河沟，躲到新林院和胜因院之间一条干涸无水的大桥底下。细心的张维还在胳肢窝底下夹了一条毯子，万一真有飞机扔炸弹，好当门帘子用，以免吓着孩子。这个门帘还真起了作用，那天炸弹投下来时，孩子们竟然毫无知觉。

后来听说一共扔下七颗炸弹。幸好那些炸弹并没有投到校园里的任何建筑物上，而是在清华园最南面一块荒芜的老坟地上炸出了一圈大坑。人们都传言，那个飞行员好心肠，不忍这所大学毁于他手，特意找了块荒地，把带来的炸弹全甩在了那里。

12月25日，学校组织看了一场电影，是纪录片，有关解放东北的。看到那么多年轻的战士不畏牺牲、冒着枪林弹雨勇敢冲锋的情景，他们再一次被深深地感动了。

12月29日，清华校友荣高棠和光未然正式在台上亮相。他们动员学生帮助解放军，去说服国民党兵放下武器。不少同学在地下党的组织下，到海淀等地去做国民党兵的工作。张维的学生里也有不少去了的，但在当时，他还没有这个胆子，也不知道这个工作该怎么做。

1月10日下午，北平军管会文化接管委员会主任钱俊瑞和教育委员张宗麟到清华来了。这回不在外面开会，而改在大礼堂里面。得到消息，张维、陆士嘉又是一路小跑，到了大礼堂还是晚了，挤在二楼的角落里，倾听了他们最想听的、等了好长时间的那句话："清华大学正式被人民接管了。"校务会议主席冯友兰代表清华大学全体师生员工致答。他说："清华从今天起，正式成为人民的大学。"整个礼堂响起了经久不息的掌声。等到掌声停了下来，冯老接着说下半句："并且是人民解放军解放的第一所大学。"热烈的掌声再次响起。

回到家里，两人议论着：北平什么时候解放呢？两家的母亲还在“敌占区”哪。“快啦，快啦！”两人猜测着，互相鼓励着。这才发现，他们的立场已经完全站在一个月前还不甚了解的解放军一边啦。

1月14日，天津被攻克。1月31日，北平和平解放了。清华园里再次锣鼓喧天地热闹了起来。人们高兴啊！第二次世界大战总算熬过去了，三年内战也以解放军全面胜利基本告终。盼望已久的和平终于快要到来了。

1月30日，是个大晴天。解放军干部战士解放军2000余人来校参观。这回总算亲眼看见了解放军的大队人马。看到他们队伍虽然很整齐，但个个穿着臃肿的棉袄，跟农民差不太多，陆士嘉再次在心里感叹：就这些人，竟把飞机大炮齐全的国民党军队打败了，真是有本事，有能人哪！

在一次大会上，军管会的同志宣布废除以前制订的一些不合理的规章制度，包括“夫妇俩不能同为教授”这一条。张维和陆士嘉并排坐在大礼堂里，心情激动地听着。按照新规定，陆士嘉终于以博士衔教授的身份被航空系聘任，并很快开始授课。

当陆士嘉第一次登上航空系的讲台时，她感觉到的既不是荣耀，也不是骄傲，而是责任。她为国家培养航空业专门人才的愿望终于可以付诸实现了，那是她在德国受冻挨饿的时候、熬夜苦读的时候、受人挤对的时候常常激励自己的目标啊。在德国，常有小孩子朝他们身上扔破瓶子烂罐儿，嘴里还嚷着：“Qingqi! Qingqi!”开始她不明白，后来有人告诉她，那是德国人对中国人的蔑称。因为在柏林有很多浙江青田人，他们就管中国人统称“青田”。

陆士嘉常常难过地想："国家弱，就处处受欺负，连外国小孩子也敢歧视你。"那时，她把这一切屈辱都化作了学习的动力。现在，她终于可以为国家的强盛而出力了，她怎么能不为之兴奋，怎么能不意识到肩上的责任呢？

在上课前，陆士嘉总要做足准备。有时候怕学生听不懂，还在家先给孩子们边放幻灯片，边讲解，以至于飞机翅膀的断面啦，那些上下不同的气体漩涡啦，边界层啦，女儿都听得似懂非懂的了。为了备好每一节课，凡事认真的陆士嘉常常熬夜，因而落下了陪伴她整个后半生的失眠症。张维永远是倒头便睡，而且鼾声如雷。奇怪的是张维的鼾声竟是治疗妻子失眠症最好的"药"。说来好笑，曾经有个亲戚在张家过夜，听了张维如雷贯耳的鼾声，半夜里竟然从梦中吓醒，惊呼"老虎！老虎！"，陆士嘉却视为催眠曲，在它的伴奏之下安然而眠。倒是张维一出差，她反而要服安眠药。张维曾经打算去治疗这个令人烦恼的毛病，陆士嘉却说："别，别。留着给我当催眠曲。"

这一年的3月份，春寒料峭，胜因院里开来一辆吉普车。正在玩捉迷藏的小孩子们立刻围了过来，好奇地东摸摸西动动。只见车上下来一位干部模样的男子，摸着一个小孩的头："小朋友，谁认识张维教授的家呀？"

克澄立刻从孩子堆里钻出来，大声喊道："我认识，那是我们家！"

"啊，太好啦！就请你带路吧，我是你爸爸、妈妈的客人。"

克澄喜得小脸通红，向周围扫视了一眼，故作庄重地迈着大步在前面引路。克群也跟在客人后面，一起向家里走去。

听见动静，张维、陆士嘉迎了出来，在院子里红砖铺的小路上与客人相遇。

见到客人，张维一愣：谁呀？我怎么不认识呢？那人走上一步，伸出手来：“自我介绍一下，我叫崔月犁，在市委工作。”

“噢，欢迎，欢迎。请进来。”张维一面把客人往屋里让，一面纳闷：“市委的找我干什么？”

寒暄了一会儿，开始谈到学校的情况、个人的情况。崔月犁问道：“解放了，有什么变化没有？”

陆士嘉谈了取消以前的旧规定，航空系可以聘她教书了，这让她很感谢共产党。

“那，有什么觉得干部们做得不合适的地方吗？”

听他这么一说，张维想起一件叫他们不痛快的事。新中国成立后不久，他们俩听说以前在师大附中教过他们的一位老师，叫董鲁安，抗日战争时期参加革命，到了西山的八路军根据地。现在，他在华北军政委员会工作，改名叫于力。听说老师成了革命干部，自然很高兴。前不久，两人就进城去拜访他。因为于力同志正在开会，没有见到，只给他留了张条子，说明原来的学生谁谁来拜访他了。几天后，收到于力的一封回信。信里说张维和陆士嘉新中国成立前在清华教书，是有意识无意识地为反动派服务，要好好地改造。收到信后，他俩着实郁闷了好几天，觉得真是委屈：我们因为清高，才拒绝了工资高得多的企业，到这里来教书。怎么到头来反倒成了“为反动派服务”了？张维把这件让他苦恼了好几天的事跟崔月犁说了。崔月犁笑笑说：“他的意思不是说你们真心为反动派服务，而是无意识地，就是并非出自本意，但客观效果的确是为反动派服务了。”

两人没听懂，对董老师的情绪仍在，但觉得崔月犁这人不错，说话挺和气，也不扣帽子。

几年以后，通过学习马列主义理论，陆士嘉才明白什么叫“无意识”，也懂得了董老师身为党外人士，政策水平不够高，不明白对解放初期的知识分子的批评不能这么简单化。再后来，看了电视剧《四世同堂》，听说剧中参加革命的钱教授，就是董老师的化身，对他还是很佩服的。

经过几回接触，他们跟崔月犁同志慢慢熟悉了。

10月3日，中华人民共和国成立后的第三天，全校在西大操场开大会，聆听陈毅同志讲话。以前只言片语地听说解放军里有位曾在北大学文科的大将军。他的到来，好像刮起了一阵旋风，凡是能走动的人都给“刮”来了。西大操场周围的路上，甚至新斋前的晒衣场上全都挤满了人。站在后面的人实际上是听不见又看不清。但是来感受一下气氛，跟着鼓鼓掌，那心里也是高兴的。

这一天，天空晴朗，万里无云。作为主席台的体育馆看台布置得庄严肃穆。部分参加政协会议和开国大典的代表同时来清华参观。贺龙同志和子弟兵母亲戎冠秀也到主席台上和大家见面。一阵热烈掌声后，陈毅同志开始讲话。他在这个长篇报告里，讲述了中国人民革命胜利的巨大历史意义，讲了新中国今后的光辉前程。

他鼓励师生适应时代潮流，做好主观世界的改造，加强自身业务领域的修养，掌握好现代科学技术。他以自己切身的体会，讲到战争时期作为一个指挥员，下达作战命令时的紧张心情。他说，这是一件非常艰难的事情，有时签字的手都会发抖！因为命令一下，就可能有多少人头落地！将来作为科技人员的清华同学，也会遇到许多工程技术上的决策，如果没有真才实学，就会给人民的生命财产造成不可估量的损失，就担负不起建设国家的重任。这些语重心长的话，给张维、陆士嘉及在场的清华师生员工留下了极深刻的印象。

1950年，抗美援朝战争爆发。清华的学生强烈要求停课下乡宣传，动员人民参军；很多学生也积极报名，要求参军，要求保家卫国。经过叶企孙等领导研究，同意了学生们的部分要求：走出去，搞宣传。土木系的学生要去良乡做宣传工作。反正有几天不上课，张维便要求跟学生一起去。得到批准后，他很高兴，晚上回家就跟陆士嘉商量，怎么做好这个宣传工作。

陆士嘉说："你编一段京戏，把抗美援朝的意义编进去，好不好？"

张维想了想："好是好，就是京戏有点太阳春白雪了，怕农民不欢迎。哎，对了，你这一说到提醒我了，咱们编一段快板怎么样？"

"这个形式好。又容易说，又容易懂。可是上哪儿弄竹板去呢？"陆士嘉问。

"这好办，我们工会就有。来，帮我编词吧。你文学水平比我高。"

第二天，在下乡的火车上，在农村的地头上，张维一边打着板，一边看着词，说起了妻子编的快板。虽然不怎么专业，但他那标准的北京话，仍然受到所有听众的热烈欢迎："打竹板，走上前，听我把咱志愿军谈一谈。中国人民才解放，美国那边就红了眼，先占朝鲜，后炸鸭绿江。麦克阿瑟吹大牛说半年要把那朝鲜来灭亡。英雄的中朝人民不好惹，齐心合力打豺狼。志愿军，真叫棒，打起背包扛起枪，雄赳赳、气昂昂他就跨过了鸭绿江。美国鬼子真猖狂，飞机大炮一起上……"

过了一段时间，当崔月犁再来清华时，带了一个比他年纪大些、微微秃顶的中年人。那人一见张维，第一句话就是标准的北京话："嘿！张维，你认识我吗？"

张维看了看他，摇摇头说不认识。他说："再看看，我是段永强！"

经他这么一说，张维再仔细一看，啊，可不是吗，正是26年前的同班同学段永强。他是张维在念初三时候转学来的，虽然跟张维只同了一年学，但这个班里年纪最大的哥哥，常常挺身而出，保护年龄最小、挨欺负的张维(其实那会儿段大哥已经是地下党了)，两人的友谊不一般。

经过自我介绍，段永强说他现在已经改名叫刘仁了。新中国成立前一直在北平做地下工作。现在在市委工作。

张维这才明白，坐在面前的这位同学，原来就是现任的市委副书记。

既然是同学，大家没那么多客套，很快就熟了。

张维记起来，他在北洋大学教书时，刘仁曾经派人来找过他，希望他设法安排一名因搞地下工作而被学校开除的学生何东昌。

当然，原因并未明说，张维也不知道托他的人是谁。但那时的张维已经不是完全没有政治头脑的人，话里话外的也猜出八九分来。

宾主在客厅里坐下，午后的阳光透过窗纱温柔地洒了进来。刘仁说道："你们在那么困难的情况下万里迢迢地从国外回来，真是不容易呀。"

张维说："出去念书时就打算学好了要回来的，只是因为战乱耽搁了。又从先回国的朋友和家人的信里得知国内乱得很，市面通货膨胀，政府腐败无能，确实犹豫过。后来听说国民党的民愤越来越大，虽然对共产党没什么认识，但觉得谁上台都比国民党好，很快就回来了。"

坐在一旁的陆士嘉专注地听着，不时点点头。刘仁问道："那么现在对共产党有些了解了吗？"

"还很肤浅，只是觉得共产党为人民办了不少好事。"

又聊了些别的，刘仁说有事，就离开了。

就这样，从春天到夏天，刘仁同志多次来清华，与张维、陆士嘉聊天。渐渐地，大家无话不谈了。

在一次谈话时，刘仁提到，知识分子最终的归宿，应该是参加到共产党里来。

张维认为这不太好，说："共产党人抛头颅洒热血搞革命时，我们在国外念书。打天下时，我们在这里教书。现在江山打下来了，共产党成了执政党，我们倒加入了，这不是坐享其成吗？"

陆士嘉同意道："是啊，要是在新中国成立前入党，那是冒着生命危险的，令人敬佩。现在天下太平了，再入党，这好像有点投机的意思。”

刘仁严肃地说：“你们错了，大概你们认为打江山很难是吧。应该说，这确实也不是件容易的事。可是你们想过没有，坐江山可是件更难的事啊。中国人有句古话，叫作创业难，守业更难。我们的共和国在几乎是废墟上刚刚建立的，举步维艰，百废待兴。”

“而且，新中国成立前固然是要经受生死的考验，但革命胜利后，在建设时期，也有许许多多严峻的考验。日子绝不像你们想象的那样平静，也会有斗争，或许是你死我活的啊！”

他一再解释说，新中国成立后知识分子参加共产党，增强党的力量，也是一种献身精神。

刘仁以他出色的口才滔滔不绝地说着，如同朋友促膝谈心，又像老师启蒙讲座。三人足足说了一个下午，太阳都落山了，陆士嘉这才想起：“你在我们这里吃饭吧。”

“对对对，你看，净顾说话了，把肚子都给忘了。”张维也极力邀请着。

刘仁摆手笑道：“不打扰了。我们是供给制，吃饭不要钱，不吃白不吃。哈哈哈。”说着，和崔月犁快步走向“隐藏”在小山坡下的一辆吉普车。酷爱汽车的克澄正在那里跟司机磨，想上去坐坐呢。

这一番谈话之后，两人觉得有点开窍了。但是这些大道理毕竟很抽象。到了共产党内，能为党做些什么，还看不出来。什么也干不了，入这个党干什么？但是有一点，两人是认识到了。那就是，共产党人的献身精神，是值得敬佩的。要向共产党员那样工作，成了他们两人今后努力的动力。

自此以后，为了提高认识，两人开始靠近党员，并主动找些书，学习与共产党有关的知识。

“四人帮”被打倒了以后，刘仁的爱人甘英同志来过陆士嘉家，向他们两人通报了她参与审判“四人帮”的情况。她说：“刘仁同志虽然不在了，但这件令人高兴的事，我有责任告知他生前所有的好友。”——这是20多年以后的事了。

1952年底，清华来了新的领导，也是老清华的校友蒋南翔。蒋南翔同志到清华以后，用的干部基本上都是清华原来的老人。从校外，他只调进五个人进党委领导班子，这五个人中四位都是大学文化程度。1956年以后,又调入四位老干部。所谓老,其实年纪并不大。蒋南翔1952年刚来时,不过39岁，何东昌29岁，其他同志如艾知生等也就24岁左右。这是一群充满朝气的年轻的领导班子。在蒋南翔同志的带领下，清华的各项工作搞得有声有色。

蒋南翔曾提出“两种人会师”，即党员教师要努力学习业务，提高学术水平，争取成为合格的教授。同时帮助非党员的教授、副教授提高思想水平，并吸收其中合乎条件的人入党。

在校党委这一号召下，各个系都为要求入党的积极分子办了业余党课学习班。经过1952年院系调整，陆士嘉已经属于北航的人了，但因为住在清华，晚上经常参加土木系的学习班，并且拉着张维也一起去。张维却不大积极。在他的心里，总是希望以学来的知识报效国家。他觉得，建设新国家，不一定非得当党员。清华让他担任行政工作，对于他来说就已经是勉为其难了，要是再入了党，还怎么搞业务啊。还有一个问题使张维一直拖着不写入党申请：他觉得自己比那些认识的党员差远了。简言之，当个共产党员，自己还不够格。只是在妻子的一再督促之下，又仔细地自我审查了很长时间，直到认为自己对共产党地了解到了一定的程度，才递交了入党申请书。

1956年，张维和陆士嘉几乎同时被批准加入中国共产党。在以后的日子里，虽然有过风风雨雨，坎坎坷坷，但对于当初的选择，他们从没有一分钟后悔过。因为他们的入党，不是一时冲动，更不是想来捞点什么，而是一种自愿的奉献。他们是那种人：要么不干，一旦认识清楚了，就义无反顾。

从打入了党，张维和陆士嘉便时时刻刻以一个普通党员的标准要求自己。

在陆士嘉的心里，有一位共产党员，是他所崇敬和折服的。她做的很多事，常自觉不自觉地向他学习。这人就是周恩来总理。

陆士嘉记得，她们每次出访国外之前，周总理都要抽时间跟她们谈话，有时接见时间都排到了凌晨。

1953年，陆士嘉随中国妇女代表团出访法国。临行前，周总理接见了代表团全体成员。白天工作了一天，直到凌晨3点，他才来到接见的房间，但从总理那神采奕奕的脸上，丝毫看不出疲劳的痕迹。周总理向她们分析了法国的形势，以及根据两国目前的关系，应该采取的态度。因为当时中国和法国尚未建立外交关系，而台湾在法国设有使馆。她们之中大部分人都是首次出国，且都不是外交人员，处理国际事务没有经验。总理设想了种种情况，并交代了对策。谈话一直进行到凌晨五六点。后来在访问中果然碰到总理设想的情景，因为事先有准备，因此没有出现任何问题。事后想起来，陆士嘉说她既佩服总理的远见卓识，又惊诧他过人的精力。

1954年，陆士嘉作为浙江省选出的第一届人大代表，在中南海怀仁堂受到周总理的接见。当总理谈到应该发扬自力更生、奋发图强的精神，在各条战线上都要搞出成绩时，他抬起头来，问在场的代表："我们的航空工业还很落后，能不能搞出点东西来啊？在座的有搞航空的吗？"

陆士嘉面红心跳，坚定地站起来，大声说道："总理，我是北京航空学院的。我回去就把总理的意思跟党委汇报。我们会跟兄弟单位合作，争取尽快搞出成绩来。"

总理很高兴地说："好啊！这位女同志很有志气。中国人民应该有气魄搞出自己的东西。"

这番话，陆士嘉没忘，总理也没忘。四年以后，在国家经济条件允许的情况下，周总理亲自应允拨款十五万元，供北航研究轻型旅客客机之用。当年，周总理在百忙之中，还抽出两个多小时的时间，仔细地参观了北航研制成功的几个型号的产品汇报展览。这一切给了陆士嘉极大的鼓舞。

1956年，陆士嘉参加人大代表团出访苏联及东欧各国。回国途经莫斯科，正逢周总理去处理匈牙利事件。在极其繁忙紧张的工作中，他又在凌晨3点钟接见了代表团全体成员，肯定了出访的成绩，感谢他们为新生的祖国做出的贡献。

陆士嘉常说，在周总理身上，她看到了一个共产党员忘我的崇高精神。她暗下决心，要以总理为自己终生学习的榜样。

学习榜样的结果，就有了下面两个故事。

其一。陆士嘉在很长一段时间里担当了很多社会工作，包括全国人大代表、全国政协常委、民盟中央常委、全国妇联执委等。某一年三八妇女节，妇女们在人民大会堂开大会。事先北航说要给她派车，陆士嘉说："咳，清华有两个妇联的执委，她们肯定要去，我坐她们的车就行了，何必多费汽油呢。"

到了开会的前一天，向清华打听车子的情况，车队的调度说："哟，陆先生，真抱歉，我想着北航肯定给您派车，就把另两个空位子让给搭车进城办事的人了。要不我跟他们说说，让他们就别搭我们的车啦。"

陆士嘉一听急忙摆着手说道："咳，不用不用，我有其他办法。"

吃晚饭时，陆士嘉向大家宣布她的"其他办法"：乘公共汽车进城去开会。大家一致反对，都说这样太累。

克澄建议道："妈最好还是先到大爷家休息一会儿，然后再去。"

她说："这个建议可以考虑。"

大会在下午两点进行，因为坐公共汽车太慢，一早9点陆士嘉就出发了。傍晚，她疲惫不堪地回到家来，一头倒在床上，睡了3小时，直至快9点了才起来吃晚饭。然后，她边笑边给大家讲述了一段小小的“历险记”。

11点不到，陆士嘉顺利地到达住在西单太平桥大街的大伯子家，在那里吃了顿午饭，又休息了一会儿。1点整，她从大伯子家出来，坐了一段7路公共汽车，来到人民大会堂附近。下了车，她就一步步往大会堂走，然后又爬了半天台阶。好不容易走到了门口，她从包里拿出请柬刚要进门，谁知竟被守卫的战士拦住，问她的请柬从哪里来的。

陆士嘉说：“妇联发的。怎么啦？”

“对不起，您是哪个单位的？”

“北京航空学院的。”

“有工作证吗？”

“有。”幸亏带得全，她从包里掏出工作证。

一个战士仔细地把工作证上的照片和本人做了对照后，终于问了个问题，这令陆士嘉恍然明白了盘查的由来：“那你为什么不坐小车来呀？我们早就注意到你了。”

陆士嘉不解：不坐小车犯什么错误啊？但还是耐心地解释：“小同志啊，总理不是提倡要勤俭建国吗？我这样做是为国家节省汽油啊。”

另一名战士看来有点感动：“那好吧，您进去吧。可按照大会规定，禁止带包入内。”

这下陆士嘉可傻了，一边埋怨怎么把这个规定忘了；一边踮着脚东张西望地寻找熟人。好不容易看见一个熟悉的面孔，赶紧大声招呼："钱大姐！"然后按照钱正英的指点，到停车场把包交给她的司机。

钱正英坐在主席台。会议快要结束时，为了不错过钱正英的车子，陆士嘉不得不提前跑到门口，一个个地"检阅"退场的人。大门有三个，守着当中的，还要不停地扫视左右。当钱正英知道了她是坐公共汽车来的，真是又好气又好笑，就让自己的司机把她送回了清华。不然再挤公共汽车回来，还不定累成什么样儿呢。

叙述完全过程以后，陆士嘉叹了口气："可把我累死了！"

俩孩子又好气又好笑："妈，你这叫不自量力！"

其二。1960年，作为人大代表，陆士嘉提出要去江西南昌的一个机械厂调研，那时管这项工作叫"视察"。到了南昌市，她没听从安排住市内的高级宾馆，而是就近住在厂招待所。厂方接到通知，说有全国人大代表来视察，当天停产一天，打扫卫生和做各项准备工作。

因为招待所离厂子不远，加上想看看真实情况，陆士嘉大清早就散着步来了。到了厂门口，警卫拦着不让进："今天有人大代表来视察，外人一律不许进。"

陆士嘉解释道："我就是要来视察的那个代表。"说着，拿出了代表证、介绍信等。

门卫疑惑地问："那你怎么不坐汽车呢？"

陆士嘉说："招待所离这里很近，我就走来了。"

门卫还不信，心想：哪回上面来视察都是小汽车、大汽车外加前拥后簇的。这回怎么就一个老太太，还徒步溜达着来啦？他越想越可疑，且事关重大，不敢怠慢，赶紧请示上级。不一会儿，来了一名中年男子，据说是保卫科长。科长如此这般地盘问了陆士嘉一会儿，也拿不定主意，但想：宁错拦一万个，也别放进一个坏人去。仍坚持把陆士嘉拒之门外。

陆士嘉碰了钉子回到招待所，在门口见到厂方派来的小汽车正等着她。她对来接她的副厂长说："你们厂我已经去过了，警报解除，你可以回去了。"

陆士嘉就是这么绝。

还有比这更绝的哪！

大概是1967年吧，有一天克群从学校回家来取东西，看见陆士嘉大夏天的穿着毛衣毛裤，正汗流浃背地写东西。她大吃一惊："妈，你这是干吗呀？不嫌热吗？"

陆士嘉擦着头上的汗，不好意思地笑笑："过些天我要到江西去出差，那里天气热，我怕适应不了，就提前进入状态了。"

女儿听了又好笑又好气："真没见过妈您这样的人。凉快一天是一天，妈你要是因此中了暑，可就想去也去不成啦。"

陆士嘉一想也对，这才把毛衣毛裤都脱了。

1962年，周总理陪同缅甸总理吴努来清华。事后，他对清华领导说："学生的精神面貌很好，但面有菜色。"希望能加强学生的营养。张维当时在场，听到这番关心的话语，心头感到一阵温暖，眼睛都湿了。学校遂决定在黑龙江建了个农场，主要生产黄豆。第二年，学生们就喝到了自产的豆浆。

在陆士嘉家的客厅里，墙上悬挂的没有全家福一类的照片。除了字画，就是在电视机上面一副精美的银色镜框里，镶着的周总理的相片。

毛泽东也是他们敬仰的一个人。1954年，在第一次全国人民代表大会开会期间，毛泽东抽出时间分批接见了与会的一千多位代表。光是这份情意和精力，就令她十分佩服。毛主席接见他们之后，陆士嘉回到家里一说，大家都争着上前握那只毛主席曾经握过的手。

1951—1953年的院系调整，是新中国成立后高等学校的第一件大事。

建国初期，为迅速改变我国的落后面貌，加强工业发展的基础，急需大批建设人才和师资。为此，1951年11月教育部召开了全国工业院校校长工作会议。在这次会议上，决定对全国的工业院校进行大调整。院系调整的方针是"以培养工业建设干部和师资为重点，发展专门学院和专科学校，整顿和加强综合性大学"。调整的原则是：一，基本取消原有科系庞杂的、不能适应培养国家建设干部需要的旧制大学，改造成为培养目标明确的新体制大学。二，为国家建设所迫切需要的系科专业予以集中或独立。三，将原来设置过多、过散的摊子，予以适当集中，以便整顿。四，条件太差、一时难以加强、不宜继续办下去的学校，予以撤销或归并。

这样，院系调整就为发展苏联模式的单科性、多科性专门学院和文理科综合大学体制打下基础，并在很长一段时间里成为我国的办大学模式。

具体的调整结果是：北京大学的工学院和燕京大学的工科院系并入清华，而清华的文理法科并入北大。取消燕京大学和金陵大学、齐鲁大学、辅仁大学、圣约翰大学、之江大学、沪江大学、震旦大学、岭南大学、华南联合大学等10所老的综合性大学。又从清华分出好几个系，成立了北京航空学院、北京钢铁学院、北京矿业学院、北京地质学院及后来的北京石油学院。院系调整后，清华失去了好几个重要的系，就剩下机械制造、动力机械、土木工程、水利工程、建筑系、电机工程、无线电工程7个系了。

院系调整之后，全国共有高等院校182所，其中综合大学如中国人民大学、北京大学、南开大学等有14所；工科院校如清华大学、天津大学、重庆大学等有38所；师范院校31所；农林院校29所；医药院校29所；财经政法院校10所；艺术院校15所；其他院校16所。

应该说，院系调整改变了高等院校集中在东南沿海的不均匀分布，也比较重视理、农等院校。从全国的角度看，还是有得有失，得大于失的。但对清华这样有着长期理工结合办学经验的学校来说，就很难说了。

这件事自然也波及陆士嘉一家。

有一天张维回到家，表情稍带紧张地对陆士嘉说："今天在系里听说，清华大学要把文史部分和理科部分合并到北大去，还要分出去好几系，成立专科院校。"

陆士嘉说："我也听说了，好像有我们系似的。"

"你们那边也这么说？那可坏了。"

陆士嘉没明白："为什么坏了？"

"也不知道新学校建在哪里，要是太远了，你上班怎么办呢？"在清华虽然航空系坐落在大北边，他们住的胜因院在南边，彼此距离有两公里，但陆士嘉从来都是走路上下班。时间久了，倒练就了一幅好脚板。可新校址在校外，肯定比这远。走，大概不行了。

陆士嘉以她那一贯对自己的事不在意的态度说："咳，管它呢，到时候再说吧。"

终于有了确切的消息，说从清华以东的五道口开始，向东南方向依次要建矿业学院、地质学院、钢铁学院、石油学院、航空学院、林学院、农业机械化学院、北京医学院等8所新的大学。其中北京航空学院是在清华大学航空系和北洋大学、厦门大学、四川大学、北京工业学院、云南大学、西北工学院等的航空工程系和西南工业专科学校航空专修科合并的基础上建立的。

待到校址确定下来以后，张维特地骑车去实地看了一下。新建的北京航空学院离清华有四五公里远。陆士嘉说："不算远，我也可以骑自行车去嘛。"

家里倒是有一辆自行车，可那是辆28男车，再说张维还得骑。一个星期天，两人特地起个大早，到城里百货大楼买了辆新从东德进口的红色26女车。谁知一进行演习，当年那点儿本来就不怎么过硬的骑车本领竟忘得差不多了。张维扶着妻子在胜因院的林荫小道上歪歪扭扭地练了几次，觉得还能上阵，陆士嘉就打算自己在校内再巩固巩固。

这一天是星期天，估计早上没什么人，在张维的保护下，陆士嘉上了车，一路向北朝二校门骑去。刚过照澜院，就看见路上有一人在行走。陆士嘉有点心虚，便大声发出预警："哎，哎，我可不会骑车，前面的同志小心啦！"边说边向那人冲去。

那人扭过脸一看：不好，一位女士骑在自行车上，歪歪扭扭连喊带叫地冲着自己就过来了。他连忙向左边躲，那车跟着他也往左边来了。眼看越来越近，他又赶紧跑到马路右边，谁知那车竟然导弹似的又跟到了右边。"嘭"的一下，终于撞到了一起。幸好车速不快，两人都安然无恙。那人正要发怒，抬头定睛一看：呀！原来竟是尊敬的老师陆先生。他边扶她起来边笑道："原来是您哪陆先生！您怎么骑得那么准，我左躲右躲还是跟您撞到了一起。"

陆士嘉从地上爬起来，不好意思地笑了："好久没骑车了，都忘了怎么骑了。撞疼你了吗？"

那人道："咳，我年轻轻地撞一下怕什么！没事。倒是您怎么样？"

"我没事，我没事。真对不起。"她满口地道着歉，然后，推着车回家去了。

吃晚饭时跟张维一说，大家笑得差点把嘴里的饭喷出来。尤其是张维，弯着腰，笑得眼泪都快下来了。笑完后，他奇怪地问道："当年我记得你还跟我吹过，说如何如何把克群用自行车从和平村驮回了哥廷根，怎么现在一点儿不会骑了呢？"

陆士嘉笑道："当年想来是急中生勇吧。得，好汉不提当年勇啦！以后啊，我可不敢再骑车了。就这一回都够出名的了。"

不过考虑到节约时间，她还是决定骑车上班："最多慢点骑呗。"陆士嘉安慰家人，也鼓舞自己道。

半年之后，陆士嘉终于决定放弃了，其原因是半路上屡屡摔跤，推着破车走，比乘公交车实在是慢太多了，还得花时间修车。

那辆新自行车自然是刀枪入库马放南山，放在储藏室里了。女儿上了高中后，因为101中学在清华外，那辆车理所当然地就归她了，一直骑到大学毕业。

陆士嘉满不在乎地说道："咳！车到山前必有路，从清华过去上班的又不止我一个。宁晃他们怎么去，我就怎么去呗。"

所谓他们，就是坐31路公共汽车。只此一路，别无他途。

如何上班倒不是什么大问题。陆士嘉更关心的是如何把新学校规划得更合理，争取早日开学上课。学院成立了"建校筹备委员会"，陆士嘉是委员之一。在"三通一平"之后，设计部门拿来图纸让大家提意见。可他们这些学造飞机的对建筑图纸没什么概念，横看竖看看了半天也提不出什么意见来。陆士嘉近水楼台地请教了邻居——清华建筑系的梁思成先生，梁先生说最好的办法是做成模型，并答应帮忙。在这一启发下，陆士嘉立刻买来了一大堆洗衣服的肥皂，连切带摆地用了两晚上的时间，把规划图纸变成了容易看明白的立体模型，大大加快了校方和设计方沟通的速度。

为了不耽误学生的学业，1953年春天，刚刚盖好第一批两栋教学楼和8栋两层的学生宿舍、4栋三层的教工宿舍，北京航空学院就正式开学上课了。学生都是原清华航空系和其他几个学校相关专业的在校学生。

当时正值苏联的航天技术大力向中国转移时期。在全国学苏的大气候下，北航的体制也来了个全盘学苏，建立了学——系——专业——教研室和实验室的系统。由于条件所限，在开始阶段，只设了一系和三系。陆士嘉的专业被划归一系。

在一系里，为确定上什么专业，大家讨论了很久。陆士嘉力主要上空气动力学专业，因为这是一门重要的基础理论课。但是谁来担此重任呢？要知道，建一个专业，不但要有老师，还要有教学计划、教学大纲和教材、实验室等一系列东西。陆士嘉毅然请缨，担当起了建立空气动力学专业的重任。在她担任教研室主任期间，她做了大量编写教材的工作。在她的力主和指导下，还动员北航全院有关专业协作，建立起好几个大大小小的超风速风洞配套试验设备，并将教学风洞应用到了“北京一号”飞机的研制之中。这些设备一度曾是国内其他院校和研究单位学习参观的基地。如果当年坐31路公共汽车路过北航，你就可能有机会听到路西这些风洞发出的巨大的低沉而类似饿虎的吼声。不知道的人有时会问：“到动物园啦？”

在陆士嘉的言传身教中，她的学生都深深懂得了一个道理：科研方向和课题要取决于我国航空航天工程的需要，而不是从文献中去找。1964年，朱自强从莫斯科大学学成归来，立即在陆士嘉的建议下成立了高超音速研究小组。陆士嘉明确指出，这个小组的研究课题要结合实际任务。为此，她让朱自强和另一青年教师去七机部二院某所气动组，全程参与他们的工作。这个所每周的技术讨论会，陆士嘉总是抽出时间去参加。

陆士嘉对学生和青年教师的关心不但在业务上，在思想上和生活上也是无微不至。1981年，朱自强去德国参加一个合作项目。陆士嘉鼓励他："你是第一个代表北航去和德方合作的，不但要完成好任务，要打开局面，还要为以后去合作的人打好基础。"她给朱自强介绍了自己的朋友、著名的湍流边界层专家Rolta教授和她当年的德国房东，以便朱自强能尽快适应环境，学好德文。

当年9月，空气动力学专业还为二十几名华东航空学院的应届

与研究生讨论课题，左起：朱自强、陆士嘉和两名学生

毕业生开办了研究生班。给他们上课的除了陆士嘉和几名教授外，还有一名苏联专家，名叫杜巴索夫。杜巴索夫50来岁，虽不算很老，但比起40出头的陆士嘉来说，多少算得上是前辈了。陆士嘉不会俄文，所以讨论问题、制订教学计划什么的，要通过翻译。可那个女翻译好多航空术语翻译不出来。为了更好地工作，陆士嘉开始在业余时间学俄语。当然，长篇大论地说话是不可能在短时间内突击成功的，但最起码在专业问题上力争能够相互理解。杜巴索夫的一些观点她不完全同意，甚至完全不同意。老杜说，空气动力学是一门理论课，只要学好理论就行了，不必设实验课。陆士嘉却认为这门专业是为航天航空建设服务的工程性质的专业。它一定要和生产实

在学生中间（前排右起第一人为陆士嘉）

与爱徒陈耀松（现北大教授）（1980年）

际结合。那一段时期，人们常常看见陆士嘉出入苏联专家办公的第8宿舍，直到很晚很晚。

课余时间，陆士嘉还关心着她的学生们。华东航空学院来的学生是南方人，到了寒冷而干燥的北方，他们适应吗？吃得惯面食吗？新建的宿舍潮不潮？一有时间，她就去宿舍看这些新生。身为人母，她那女性的关怀曾经坚定和温暖了多少因想家而一度动摇学习意志的学生，谁也说不清。只知道直到现在，那些当年的学生回忆起她，还觉得那么的亲切。

两人虽然各忙各的工作，但只要有时间，张维和陆士嘉就会跟孩子们玩很多有趣的游戏。数葫芦就是其中之一。

这是一种比赛性游戏，要求四个人一个个地出场，出场的人要一口气连续而清晰地说：“敦敦葫芦，丫丫葫芦，好汉一口气说不了八八六十四个葫芦。一个葫芦两个葫芦三个葫芦四个葫芦……一直说到六十四个葫芦。”直至必须换气为止，数的数目多者为胜。每个参赛人最后都是面红耳赤弯腰跺脚出不来声，旁观者便开怀大笑。那时张维能数40个，陆士嘉和克群能数30出头，克澄则一不明规则，二不大识数，不时地换口气，还数得颠三倒四。

再有就是做手部变换的游戏。这个游戏要求参赛者左手平伸，在左侧的大腿上来回摩擦，与此同时右手握拳，在右侧的大腿上上下捶打。裁判一说“换”，参赛者就要把左手换成握拳状，摩擦改捶打，而右手则要换成平伸状，改捶打为摩擦。总之，拳头永远要捶，巴掌永远要摩，而两只手要随着命令在拳头和巴掌之间变换。起初，变两下就乱套了，用巴掌去拍腿，要不就是用拳头去摩擦。慢慢地，孩子们就能很迅速地变来变去而不犯错误。

最开心的要算是“快速止笑”了。张维喊一声“笑”，大家就一齐大笑，等张维一说“停”，谁还在笑，谁就输了，要挨张维一下咯吱(挠痒痒)。一般来说，总是克澄或克群憋不住，笑了出来。陆士嘉偶尔也会挨罚。只有张维从来没有输过。当时孩子们也没想过为什么，还挺佩服爸爸的。很多年以后，有一次不知是受了什么启发，忽然间他们恍然大悟：敢情发令的是爸爸自己，他早有精神准备。而且他们怀疑爸爸一直在假笑，直至把他们三人都逗得从开始的假笑变成了真笑才发令。不过他们从没揭穿过爸爸的“阴谋”，反而总是怀着感激回忆父母给予他们的快乐童年。

抗美援朝开始了。在全国总动员支援前线期间，上海的一些黑心商人在给志愿军做的棉衣里絮烂棉花，鞋底用纸做。这不但引起了全国人民的愤怒，而且直接导致从1951年底到1952年10月的“三反五反”运动。那时都管贪污的人叫“老虎”。克群的班主任潘老师说有个卖煤的老板是“大老虎”，几次领着学生们到“煤老虎”窗下去唱歌：“贪污分子，你睁开眼，两条道路由你挑。一条绝路一条活路，一条光明一条黑暗。想一想，看你走向哪一条！”也不知孩子们的歌声对屋里的那头“大老虎”起没起作用。

那时张维常常在吃过晚饭时去开会。有一次开会回来，一进门就吓了陆士嘉一跳：张维的喉咙上有一条深深的红印子，几乎要滴出血来。裤子也破了。

陆士嘉半关心半开玩笑地问：“怎么啦？上吊去啦？”

张维摸着脖子笑道：“咳，别提了。我正骑着车过新斋前的场地，骑得还挺快，突然间‘嘣’的一下，脖子被一根晾衣服的粗铁丝勒住，铁丝被我拉得跟弓弦似的，然后又把我给弹了回来，弄得我摔了一个大跟头。”

陆士嘉笑着说：“得，明天人家一看，以为你贪污了，又不想坦白，要上吊自杀呢。”

躺在床上，陆士嘉给张维上了药，又揉了半天。张维难得地享受着妻子的温柔，心里悄悄感谢那根铁丝。

1956年教授评级时，张维、陆士嘉同被评为一级教授，但陆士嘉认为自己的级别高了，坚决要求按二级教授领工资。二级教授每月的工资是280元，她还嫌多。1960年，共产党号召17级以上的党员干部减薪，陆士嘉趁机几次三番要求减薪。她说："我虽然不是党政干部，但我是党员，而且工资高，应该减。"上级不批准，于是她就用多交党费的办法把她认为"太多"的部分交给了国家。先是每月交20元(应交5元6角)，后又交80元。两年以后，更进一步交100元。非但自己交，还让张维也交100元。

这样一来，就使得家里的经济条件不是很宽裕，加上大人没有太多的精力照顾孩子。俩孩子每每穿着补丁衣服、补丁裤子上街。克群的同学对她的衣着印象是：裤子上打着四个大补丁，身上却是漂亮的薄呢子上衣(那大概是陆士嘉的出国服装)。有人以为他们是装穷：一个一级教授，一个二级教授，在工薪阶层里几乎算得上是"首富"了，至于这样吗？逢到有人如是说，他们就觉得有点委屈。倒不是不愿意穿破衣服，因为他们不了解，张维、陆士嘉除了养活自己的两个孩子，还要负责张维的小姐姐的生活费，还要供陆士嘉的几个侄子上大学。

陆士嘉的大哥过世得早。辛亥革命那年打进他腿里的铅弹终于在1936年要了他的命。大哥的儿子陆大成上大学，陆士嘉义不容辞地供他。二哥有8个孩子。为了减轻家庭负担，大儿子、大女儿都上了中专，早早地就工作了。其他子女想上大学就得申请助学金，否则也得走哥哥、姐姐的路。陆士嘉就和张维商量，这些孩子里凡是考上大学的，不要申请助学金，上大学期间的生活费由她承担。

这样，从1956年起，张维、陆士嘉先后为上兰州大学的侄女陆晶荪和上清华大学的侄子陆大传两人每人每月提供20元的生活费，直至他们大学毕业。看起来20元不算多，可他们自己的孩子上大学，也不过是每月23元的生活费而已。

不但对自己的亲戚如此，对一些家庭困难的同事、工人乃至不相识的人，陆士嘉也常常解囊相助。她曾长年资助一位子女多、经济困难的老工人。逢年过节，陆士嘉总是让孩子给清华校内一些送报、种花的工人送去“过节费”。

在报上看见兰考人民生活困难，她寄钱；某地发水灾，她寄钱；闹地震，她寄钱。而且从不署名，或落款“一名人大代表”。可她自己的生活却简朴到了令人吃惊的地步。有一年夏天，吃完晚饭在院子里散步，克群看见从妈妈那白色稍微有点透明的“的确良”衬衣里，露出里面那件破洞累累的圆领衫，开玩笑地说：“妈，你看上去像一件景德镇的米粒儿瓷。”

陆士嘉嗔道：“净胡扯！”然后又问：“无伤大雅吧？”

女儿掀起妈妈的袖子看了看：“还行，挺别致的。就是参加国宴别穿它就行了。”

北航建校一年多了，方方面面都走上了正轨，张家也迎来了第三个孩子。在怀孕期间，陆士嘉一面编讲义，一面还坚持每周6学时的大课，直到临产前三天，才请假在家休息。

10月4日，国庆节后第三天，一个健康漂亮的女婴出生了。那一年——1953年是我国进行大建设的第一个五年计划的第一年，因此父母给她起名张克建。这时陆士嘉已经42岁了，生产时又不大顺利，身体恢复得很慢。医生建议她请半年假好好调理一下，但她不是个听话的病人，孩子生下来28天，就又到学校上班去了。北航为照顾她的身体，特地给了她和另一位家在校外的女教授程先安一间宿舍。工作忙或感觉疲劳时，她就在这里过夜。反正自己也没奶，小女儿只喝牛奶，请个保姆带着就行了。

过了几个月，小克建看着比刚生下来没长大多少似的，而且两个月里就发了三回烧，两口子挺着急。有一天陆士嘉对邻居唐家老太太说起此事，并请教带孩子的经验。老太太多少有点神秘地把她拉到自己家："啊呀真造孽呀，我正打算跟你们说呢。昨天我买了些新鲜猪肝，说是给陆先生送去补补血，谁知一进门，看见你家保姆正往孩子的奶瓶里兑水呢，旁边放着个碗，里面有半碗牛奶。我一看就明白了：这个黑心的女人偷喝孩子的牛奶！她见我看见了，就求我不要告诉你们，可我怎么能不让你知道呢！"

张维下班回来后，陆士嘉把这事说了。当父亲的听了又气又伤心，觉得自己太粗心，太对不起可怜的孩子了。怪不得孩子老是生病，原来是营养极度不良啊。把保姆开除以后，他们是"一朝被蛇咬，十年怕井绳"，再也不敢找人看孩子了。听说城里有个"洁如托儿所"，是王光美的母亲董洁如开的，条件不错，就把孩子送到城里全托了起来。每个星期六，父母进趟城去看看孩子，虽然费点时间，但省了不少心。

5月份，天渐渐热了起来。这天早上，克群只穿了件薄绒衣就要去上学，陆士嘉赶忙出门来叫住她，要她穿件棉大衣。克群极力反对："哎哟，天都多热啦，还穿大衣！"

"热了你再脱嘛。"

"脱了还得拿着，麻烦死了，我不穿。"

"不穿小心感冒。"都走出几步了，陆士嘉还在后面叫道。

克群一边倒退着走，一边向妈妈挥舞着书包嚷着："病就病吧，死就死吧！"

忽然间，她的手停了下来，看见妈妈坐在门口的台阶上，用手捂着眼睛，似乎是哭了。她大吃一惊：不穿大衣也不至于哭啊，何况妈妈不是个爱哭的人。吓得她赶紧跑了回来，趴在妈妈腿上："怎么了妈？"

陆士嘉一把抱住她："你的妹妹就是得了感冒，已经不在了。"

闻听此言，克群先是吓了一跳，疑惑地看着妈妈，一看妈妈哭得越发伤心，知道是真的了，也跟着大哭了起来。陆士嘉摸着她的头说："我们已经失去了你妹妹，你可不能再生病啦。"

很久没有感受母亲这般温暖的克群又是感动，又是难过，陪着妈妈哭了一阵，乖乖地穿上棉大衣抽噎着上学去了。

过了好几个月，张维、陆士嘉从这个打击中慢慢恢复过来，才对两个孩子讲了他们的妹妹不幸的遭遇。原来可怜的小克建因身体虚弱，在去了托儿所没多久就得了重感冒，并因高烧不退开始抽筋而被送到医院。偏偏打针的护士看错了单子，把用药的剂量加了10倍。一针下去孩子就不行了。当父母得到通知急忙赶到医院时，孩子已停止呼吸多时。

“可怜的孩子啊，你还不会叫妈就走了，妈妈对不起你呀！”陆士嘉痛苦地坐在医院里，几乎不能支持。但是当托儿所方建议追究医院的责任时，她却摇摇头说算了吧。她说：“孩子已经不在了，无论谁的过错，她也不能复活了，就请院方吸取教训吧。”

当医院说他们因标本不够，好多项研究不能进行，能不能把孩子的遗体捐给医院时，张维、陆士嘉很爽快地同意了。

但是从此以后，陆士嘉永远不提那家医院的名字，甚至不愿路过。

就这样，只活了不到5个月的小女儿无声无息地永远地消失了，只留给父母一份永远的歉疚和心痛。

为了不再出现类似的惨剧，张维、陆士嘉选保姆真是煞费苦心。有一阵子，一位号称自己是“中医”的矮个子保姆在张家工作。晚上她哄孩子们睡觉时，总是吓唬他们，说西山有个大马猴，谁不好好睡觉，大马猴就吃了谁。害得俩孩子经常鸦雀无声，心怀恐惧地入睡。直到一个冬天的晚上，张维让女儿到后门外的煤屋里铲点煤来添火炉。女儿说怕大马猴。张维诧异道：“什么叫大马猴？”女儿说是阿姨说的。张维、陆士嘉问明情况后，愤然辞去了这位保姆。为了治疗孩子的“大马猴后遗症”，陆士嘉几次特意让她去黑处拿东西。陆士嘉告诉女儿：“要是怕黑，你就唱歌。”最终把她锻炼得胆大过人。

后来又来了一位湖北人。这位倒不讲鬼故事，但某次说要回老家探亲，陆士嘉无意中发现在她准备带回家的行李中，有自己买的好几块布料。于是不能留她了。

直到江苏人王祥妹的到来，才算结束了每半年换一个保姆的历史。王祥妹在张家工作了18年，和张维、陆士嘉亲如一家。“文革”开始，她不无遗憾地被“红卫兵”以“贫农不能为资产阶级知识分子服务”为由撵回了老家。

建国伊始，外语人才奇缺。英文翻译还有一些，但德文翻译就很难找了，女翻译就更难找。不知怎么，上面知道了北航有位女士，既能说流利的德文，长得又端庄，就找上门来请求支援了。

1951年世界青年学生和平友谊联欢节在东德举行，陆士嘉那时虽已年近四十，并且已是教授而非学生，好在长得年轻，仍以中国青年代表团成员的身份随团出访。

说是代表，其实主要任务是做翻译。以前在德国念书时只是自己说话、听别人说话和看书，从来没做过翻译。这回一当翻译才发现它跟自己说话可大不一样。中译德还容易些，只当是自己在说话便了。德译中却有点儿难度了。德语的很多动词是框架式的，一上来先说前半截儿主语和助动词(比如“我可以……”)，然后是附加的部分，人物啦、地点啦、时间啦，全都说完了，动词的最主要的有意义的部分(比如“吃”)才姗姗来迟。也就是说，一句话都听了十分之九了，你还不知道他要说什么呢。这令做事认真的陆士嘉有点紧张，唯恐听了后头忘了前头。于是她在兜里预备了一个小本子，一碰到要德译中了，就把小本子掏出来做记录。就这样，靠着深厚的德文底子和认真的态度，她出色地完成了第一次的翻译任务，受到各方好评。

陆士嘉在工作中（1956 年）

除了翻译，代表团临时又派了她一个差事：给中国代表团的文艺演出报幕。这对于陆士嘉来说，可着实有点儿难了。按她自己的说法，简直就是"赶着鸭子上架"。自打出生那天起，别说报幕，就是拉幕都没干过。陆士嘉唯一的文艺细胞就是唱京剧，可那也就是在家里唱着玩儿，从来没有外人听到过。但是陆士嘉想："既然叫我报，准是实在没辙了，那就报吧。"于是人家坐在车上观风景，陆士嘉却把时间几乎全用在背台词上了。靠了台下刻苦努力，台上如履薄冰，结果总算什么娄子也没出。

人们常说，好事不出门，坏事传千里。其实这话也不全对。"北航有个优秀的女教授翻译"这件事就传出去了。接踵而来的是1952年参加中国文化教育代表团赴东欧各国；1953年参加中国妇女代表团赴法国访问；1956年参加中国人大代表团到苏联及东欧各国访问。当然了，在这些活动中陆士嘉的身份都是双重的：既是代表团正式成员，又兼做德文翻译。

1955年10月的一天中午，北航院办的小翟到陆士嘉在北航的宿舍来，说是下午院长沈元要找她谈点事。陆士嘉很奇怪：沈元是老同事、老朋友了，有事打个电话就好了，何必要到院办去呢？况且上午他们才见过面，也没听他说什么呀，一定是有重要的事情。可能是什么呢？

下午到院办一听，还真是件重要的事。沈元说，学院接到通知，彭真同志要率领新中国成立以来第一个全国人大代表团出访苏联和东欧的各社会主义国家。考虑到陆士嘉在德国待过10年，且本身是人大代表，为人正直可靠，形象也好，又有过几次当翻译的经验，因此被视为最佳德文翻译兼团员的人选。问她有没有困难。

陆士嘉思考了两分钟："我本人倒没有什么，家里也能安排。只是这回大概会比较长，我的课怎么办呢？"

沈元笑道："我就知道你放不下你的学生！别担心，学院里会有安排的。当然，我也不愿意你去，这一走怎么也得一个月吧。可这是国家的大事啊，而且这是新中国成立以来出国访问的第一个级别如此高的代表团。就是再困难，我们也得支持。"

回到家里和张维一商量，决定还是老办法，从城里请来张维的姐姐帮助保姆照顾两个孩子。吸取小克建的教训，家里多个人总是好些。

代表团由各民主党派、人民团体及文艺界、体育界、工商界等各界人士组成。为让大家尽快掌握和熟悉外国礼仪及日常生活等的有关规矩，1955年11月，全部代表团成员到北京饭店举办为期一个月的集训。

第一次开全体大会时，只见会场里一位年轻漂亮的姑娘，目不转睛地盯着陆士嘉。看了好一阵子后，她忍不住问坐在旁边的一个熟人："那位女士是谁呀？"一面用手悄悄指了一下。

那人顺着她的手指头看过去："是那个白白的、戴眼镜的女士吗？"

"对对，就是她。"姑娘小声道。

"她就是著名的北京航空学院的女教授陆士嘉。"那人告诉她。

啊！姑娘兴奋了。在她22年的人生中，在她接触的有限的人里，从来没有见过这么有气质的女人。那么，这位姑娘又是谁呢？她就是此次出国代表团里最年轻的团员——22岁的山东吕剧团团长郎咸芬。

郎咸芬对这位女教授是如此着迷，上面讲些什么，她全没好好听，只是一个劲儿地盯着人家的一举一动。刚一宣布散会，爽朗的小郎就挤到陆士嘉面前，鞠了一躬："陆教授您好，我叫郎咸芬，我想认识认识您。"

陆士嘉微微一愣，随即笑了。她用左手拍着小郎的肩膀，伸出右手作握手状："好啊，我叫陆士嘉，在北航工作。"

然后两个人就一起说说笑笑地向饭厅走去。和郎咸芬同属文

陆士嘉与郎咸芬（1956年）

艺界，又都是年轻姑娘的安徽黄梅戏剧团的年轻团长严凤英也凑了上来，三人一起共进组团以来的第一顿午饭。

在吃饭期间，外交部礼宾司专门派来的人走来走去地教大家使用刀叉。陆士嘉在德国呆了10年，成了这方面的助教。她耐心地手把手教两个姑娘，如何左手拿着叉子，右手拿着刀子，在大盘子里切肉。郎咸芬一面摆弄着不大顺手的刀叉，一面纳闷地问："咦，这里的厨师怎么这么懒呢？不把肉切好了再炒，反倒让我们自己切。"

周围的人都乐了，有人道："这里的厨子善于发动群众。"

陆士嘉笑道："不是那么回事。外国人吃肉啦鱼啦，甚至蔬菜，都是做的时候挺大块儿的，放在各自的盘子里自己切。第一呢，他们习惯于吃份儿饭，不像我们大家从同一个盘子里夹菜；第二，外国人不会用筷子，只会用刀叉勺。"

小郎吐了吐舌头，不说话了，努力用不怎么快的刀子切着很筋道的牛肉。心里却在想："怪事！自己切，那要厨师干吗呀。"

这以后，在整个集训期间乃至于在国外的时间里，两个姑娘，有时还加上纺织业年轻的女劳模郝建秀，一有空就在陆士嘉身边，不

26 年后再次合影（1982 年）

是要她讲留学生活，就是听她谈些所在国的地理、历史的常识。陆士嘉渊博的知识和平易近人的态度，令姑娘们折服，不，简直是着迷。回到房间里，她们也常常谈论着这位令人敬佩的女教授。

在苏联期间，最隆重的一次宴会是苏共中央第一书记赫鲁晓夫举行的招待会。在宴会上，郎咸芬和陆士嘉被安排在团长彭真边上。双方讲完话后，开始用餐了。郎咸芬到底用不惯刀叉，在切牛肉时，一个不留神，一块牛肉竟然从她的盘子里嗖的一下飞了出去，直奔对面坐着的赫鲁晓夫，然后“叭”的一下，落在他盘子旁边。

这下可把郎咸芬给吓坏了。她目瞪口呆地看着赫鲁晓夫，不知如何是好。赫鲁晓夫却笑眯眯地对面红耳赤的姑娘说：“谢谢你送我一块牛肉。”

彭真没说什么，也没有不高兴的样子。大家都该干什么干什么。但郎咸芬却心里难过极了，觉得给中国代表团丢了脸，这顿饭简直就没怎么吃。回到房间以后，她就哭了起来，越哭越伤心。严凤英劝她不住，只好到隔壁去搬救兵。

陆士嘉听了后说：“咳，我就怕这孩子有思想包袱，走，咱们去看看她。”

陆士嘉搂着郎咸芬的肩膀，宽慰说这是小事一件，然后又保证以后同她一起练习使叉用刀。连劝带哄了半个钟头，才算把她给劝好了。这以后，郎咸芬觉得跟陆教授又亲近了一步。

过了几天，全团一起去看著名芭蕾舞女演员乌兰诺娃的演出。谁知演到一半出了意外，乌兰诺娃竟然在台上把脚骨给折断了。第二天，团里派小郎和严凤英去慰问她。一天的工夫没有见到陆士嘉，郎咸芬心里竟然有点空落落的。在回团的路上，她决定把盘算了好久的心愿付诸实现：认陆教授做干妈。她把这个想法跟严凤英说了。严凤英乐坏了：“你别逗了，人家是大教授，能认你这个穷丫头当干女儿？”

可郎咸芬心想：不管怎么我也要试一试。

晚上回到宿舍，她反复地想好了说词，就毅然地去敲陆士嘉和区唐亮同住的房门。

门开了，区唐亮笑嘻嘻地站在门口：“啊！小郎啊，请进。有什么事吗？”

郎咸芬红着脸：“我想找陆教授。”

陆士嘉应声从床边走过来：“我在这里，有事进来说吧。”

小郎向前迈了一大步：“陆教授，我想认您做干妈！”

出乎小郎意外，陆士嘉一点也没吃惊，更没拒绝。她笑着说：“好啊！我有你这么个当演员的漂亮女儿，真是太好了！”

闻听此言，郎咸芬激动地一把抱住陆士嘉，叫了声：“陆妈妈！”

眼泪唰地流了下来。

陆士嘉也抱住她，两手轻拍着她的肩：“好女儿，好女儿。”

一旁的区唐亮高兴地两手一拍，大声说道：“太好了！火线认女。这咱们可得好好庆贺庆贺。”

正在屋里伸着耳朵听动静的严凤英也跑了过来，跟着大家一起以茶代酒庆贺了一番。她也鞠了一大躬，与郎咸芬并列为陆士嘉的干女儿。

第二天，此事在团里传开了，大家都为她们高兴。从此，两个姑娘对陆士嘉就以陆妈妈相称了。

回国以后，陆士嘉回到北航；郎咸芬回到山东吕剧团；严凤英回到安徽黄梅戏团。虽然天各一方，但母女之情延绵不断。每逢来北京开会，郎咸芬或严凤英总会来看干妈，向她汇报自己的进步和成绩，也会倾诉在生活和工作中遇到的困难和疑惑。陆士嘉则竭尽干妈的责任，鼓舞和教导她们，那真比对自己的女儿还尽心呢。

“文革”当中，严凤英含冤去世，陆士嘉听了消息很是难过。她把严凤英送的相片找出来，仔细地镶了黑边，保存在一个精美的镜框里，也保存在她的记忆里。

离开苏联时，苏方赠给代表团每人一件礼物：男士每人一架9个真空管的大型收音机加留声机；女士每人一个精美的手提包加名牌香水。陆士嘉一反平日客气客气再客气的常态，提出希望按男士待遇。这个收音机便是她此行带回家的唯一一件东西。从此，家里有了个“大型娱乐中心”。逢到有空的晚上，张维和陆士嘉就抱出各

陆士嘉与捷克妇女

个时期精心购买、搜集的勃拉姆斯或莫扎特的唱片，放在那架有着金丝针织布面的大收音机加留声机上，全家人围坐在一起，关上灯，听着100多年前欧洲大师笔下流出的时而高亢、时而舒缓的曲子，看着留声机上那个绿色的圆圆的亮亮的“猫眼”一眨一眨，度过一个个温馨而平静的晚上。那是孩子们少年时代对“家”的最美好的记忆。这东西也是陆士嘉多次出国几乎唯一带回来的“洋玩意儿”。

自从1954年起，陆士嘉一连三届担任全国人大浙江省代表。作为人大代表，她几乎每年都要到全国有关单位或地方去视察，这使得她的时间安排常常很紧张。但她从来没有因为社会工作耽误过“正业”——教学。她把教学和社会工作都看成自己的责任。

第一届人大代表证

第二届人大代表证

第三届人大代表证

人大代表团在工作（1956年），右起：章伯钧、陆士嘉

在家里，张维和陆士嘉很重视对孩子的教育。

从女儿上初中起，家里就多了一份杂志《知识就是力量》。这是一本1954年引进来的苏联科普杂志。书名还是周恩来题的。起初，每期的内容都是直接翻译的，到后来中国人也参与编写了。孩子们丰富的自然科学知识，克群对美术的爱好(后来她学了建筑)，很大程度上得益于这本杂志。

1954年，克群初中毕业了。可不知怎么回事，竟然在考高中的考场上失败，哪里都没考上。当然，那年高中录取人数大收缩是客观原因。新中国成立后的第一代插队知青邢燕子、侯隽就是那时的考生。但是，张家一个书香门第，竟然“出息”了一个名落孙山的人，怎么也说不过去。想到这些，克群简直想离家逃跑了。

张维、陆士嘉知道了这个消息，一没发火；二没责难，反而安慰女儿道："你上学有点儿早(5岁)，趁这个机会休息休息也好。" 把克群感动得暗自发誓，今后一定好好念书。后来，她考上了市重点101中学的高中，并且三年各门功课都是5分(满分)。然后，又以高于录取线25分的成绩考上了清华大学建筑系。

在两个孩子上学的时候，作为家长，从来也没有给他们出过题目，或让他们上这个补习班那个课后班的。仅仅在期末考试后的某一天，当妈的会坐下来，对孩子们说："来吧，把成绩册拿来给我看看。" 如果成绩册上都是5分，她会露出笑脸。有哪门是4分，就会问问是怎么回事。爸爸、妈妈的笑脸，几乎是孩子们学习的唯一动力，此是后话了。

张维睡觉打鼾，而且声音很特别。有一次闲谈中，克群说："爸，你那呼噜打得真有水平：开始时声音很小，然后逐渐加大，一声高过一声，等到声音高到了极处，'咯' 的一下，突然打住，让人以为是噎死了。可是等一会儿，又从很小的声音开始，周而复始，好像Tangent 曲线。"

闻听此言，陆士嘉很是高兴，她称赞女儿道："咦，你一个学建筑的，还记得 Tangent 曲线，可见基本功够扎实。"

外孙女高晓江在德国上大学，得到这个大学 "35年以来最优学生" 的奖状。看着这张纸，陆士嘉高兴地称赞道："真给中国长脸！" 对于孩子们的好表现，总是及时地给出恰如其分的称赞，既不过分，也不忽略。

第六章

灿若星河　回归天堂

人们常常习惯于用所发生的事去命名某个时期。在中国，一说是“反右那会儿”，就是说1957年；要说“大跃进”那年呢，就知道是指1958年；而“困难时期”则是指1959年到1961年。

“困难时期”是怎么产生的？是天灾，还是人祸？几分天灾、几分人祸？这是历史学家或政治家的事。对于从那个年代过来的老百姓来说，它只是一段人人勒紧裤腰带的惨痛而难忘的时期。

1959年，张克群14岁，正在上北京101中的高中，并且住校。某个星期六，她回来跟父母说，学校要实行粮食定量供应了，定量的多少采取自报公议，让每个学生先报一报自己每月打算吃多少斤粮食。她为难地说：“以前吃饭没有数儿，谁知道每月吃去了多少斤？”

陆士嘉问道：“别的同学呢？他们都怎么报的啊？”

“不知道。老师说男生吃得多，要在30斤以上，女生可报30斤以下。既不要报高了给国家增加负担，也不要报太低了把身体饿坏了。”

陆士嘉想了想又问："有最低限度吗？"

"好像是25斤吧。"

"那我看你就报25斤吧。不够吃可以回家来，我跟你爸饭量都不大。"

不久，各单位普遍开始实行粮食定量供应。在各自的单位里，陆士嘉和张维分别报了25斤和30斤的定量。他们想：一天吃一斤粮食，还是干重，大概足够了吧。谁知这一时期不但是粮食短缺，肉、蛋、菜，甚至连白糖、糖果、点心全都定量供应了。副食一少，肚子就变大了，一斤粮食不费一点劲就下去了。好在国家对高级知识分子有照顾，每家发了一本特殊的副食供应本。想到在学校一点菜都吃不到，每餐只是面糊糊汤加盐的女儿，当父母的怎么舍得独享这份数量不多的"美食"呢？星期日打牙祭便成了一家固定的程序了。

克澄那时在城里念小学，住在大伯父家，因此每月的副食还要给他们一些。所谓的"打牙祭"也就是炒菜里适当加些肉丝罢了，大块儿的红烧肉之类是不敢做的。一来是没有足够的原料；二来肠子已经习惯于素食了，忽然给它加了油，马上就会拉肚子。那么宝贵的东西还没消化就当作废料给排走了，多造孽呀。

放暑假时，孩子们都回来了，食品短缺的问题便突出了，星期天打牙祭的肉也都化整为零，似有若无了。这一天，女儿悄悄告诉陆士嘉，说她刚来了几个月的例假已经好几个月都没再来了。母亲知道这是因为缺乏营养，心里挺难过，但还是安慰女儿道："没关系，我当初也是这样。刚来的时候总是不大稳定。"

晚上，陆士嘉跟丈夫商量着怎么办。陆士嘉说："在31路公共汽车上听人说东北旺那边有些农民偷偷养了鸡，用高价或拿香烟可以跟他们换。你也不抽烟，咱俩每月供应的两条烟不如拿去换些鸡蛋，给克群补补。"

张维为难地抓抓耳朵："哎呀，我们系里的4个烟鬼就等着这点烟救济呢。每个月我才给他们每人5包，听说他们都做了周密计划，每天抽3根，逢到周末是5根。要是拿它换了鸡蛋，他们怎么办呀。"

陆士嘉有些动气："咦，你这个人，自己女儿不管，倒去照顾别人！"

张维理不直气不壮了："你平常不是挺大公无私的吗？再说我也没说不行啊。这样吧，咱们把供烟量减半，每人每月给他们两包半。咱们用一条烟，再加上些钱去换鸡蛋，你看好吗？"

陆士嘉生气地说："抽烟是不良嗜好，他们早就该戒了！"

"咳，孔子曰：抽烟容易戒烟难哪！"

陆士嘉瞪了他一眼："老是开玩笑！好吧，就这样吧。"

张维不解："就哪样啊？"

"用一条烟再加上钱，明天咱们就去，到东北旺打听打听去。"

第一次去，碰了个钉子。人家说在更远的西北旺村才有人养鸡，因为那会儿在农村养鸡算是走资本主义。而西北旺靠山近，鸡都藏在山里养。陆士嘉不死心，过了几天又独自去了趟西北旺。张维打算跟她一起去，她说人多了怕人家农民害怕，"尤其是男的去，人家以为是干部来了，有蛋也不敢拿出来"。

张维笑道："瞧你戴个眼镜，也够像干部的了。"

"总比你好点吧。"

争执的结果，还是陆士嘉一个人去了，并且马到成功换来10个鸡蛋。星期天早上，陆士嘉亲自用小锅做了卧鸡蛋，端到女儿面前："吃吧，你爱吃甜的，放了点糖。"

看着这份优待，克群难以下咽，那边克澄不干了："我也要吃卧鸡蛋！"

当姐姐的让惯了弟弟，正要把碗递过去，陆士嘉拿手一挡，对克澄说："听话，让姐姐吃，啊，姐姐有病。"

克澄看着姐姐："真的啊？那你吃吧，我下回再吃。"说着，咽了口吐沫。陆士嘉见此情景，难过得眼圈都红了。

吃完早饭，陆士嘉说："前两天我学了一个新歌，你们要不要听听？"

难得听见妈妈唱歌，以前在家里或者系里的联欢会上总是唱京戏。两个孩子都鼓起掌来："好啊，妈妈要唱歌啦！"

陆士嘉清了清嗓子："我唱了啊。对了，你们谁要是会，就跟我一块儿唱啊。"

她停了一下，然后自己用手打着拍子，开始唱道："五星红旗迎风飘扬，胜利歌声多么响亮；歌唱我们亲爱的祖国，从今走向繁荣富强。"

克群小声对爸爸说："我也学过。"然后加了进来："越过高山，越过平原，跨过奔腾的黄河长江；宽广美丽的土地，是我们亲爱的家乡，英雄的人民站起来了！我们团结友爱坚强如钢。”

张维浑厚的男声加上女儿的女声，竟是和谐得很。

唱到这里，陆士嘉激动地站了起来，一曲完毕，大家都沉浸在歌词里，半天没出声。

张维打破沉默问道：“谁写的啊？真好！”

“不知道。作曲的人好像叫王莘。不管谁写的吧，真是首好歌，是吧？”

陆士嘉说道：“嗯。孩子们，别看眼前有点儿饿肚子，这只是暂时的，过些时候就会好的。”

“是啊，”克群说：“我们老师也是这么说的。我一点也没嚷过饿。上个星期我们军乐队在学校集训时，我们一大早去圆明园捞了两条鱼，还抓了只刺猬呢。”

克澄马上叫起来：“哪儿那刺猬？我看看！”

“拿到厨房让大师傅煮了一锅汤，大家给吃了。可油呢。”说着舔舔嘴唇。

克澄羡慕地抓耳挠腮：“下回再抓了刺猬，给我看看。”

“好吧，下回再抓到了，我给你带回来。”

中秋节到了。晚饭后，一家人照例坐在院子里赏月，其实就是找个理由一起聊聊天，平常一家人难得聚在一起。俩孩子把桌子椅子搬到葡萄架下，又蹬梯爬高地摘下几串玫瑰香葡萄来。一切安排停当，就等着一家之主“开席”了。陆士嘉最后一个从屋里出来，手背在身后：“孩子们，你们猜我手里是什么？谁猜着了有谁的。”

两个孩子分别猜了左右手，于是每人得到一块名叫“自来红”的月饼。这种北京月饼硬得很，俩孩子使了半天劲还没啃到有馅的地方。张维看着有点懊恼的孩子说：“来，我给你们讲个笑话：有个孩子一淘气把家里的碗给砸了，他爸爸顺手拿起一块自来红月饼打了过去，谁知没打中孩子，月饼掉在马路中间。正好过来一辆汽车，‘扑哧’一下就把月饼压进水泥路里去了。妈妈觉得怪可惜的，顺手拿了一根江米条当撬杠，‘嘣’的一声把月饼给撬出来了。”

大家笑得弯了腰：“敢情月饼硬，江米条更硬。”

说话间，月亮从东面的树后面升了上来，众人赞叹着月亮不受人世间的影响，一点儿没饿瘦了，仍旧那么圆，那么亮。张维说：“我又有故事了。”

陆士嘉笑道：“就你故事多！”

俩孩子一齐叫道：“讲，讲！”

“说有个美国留学生回中国来过中秋节。一家人坐在院子里赏月，他爸称赞月亮圆，他鼻子一哼道：‘喊！美国的月亮比这圆多了！’他爸一生气，打了他一个大耳光，那留学生捂着脸道：‘哼，你这耳光打得都没美国人响！’”

克澄哈哈大笑道：“该！就欠再打他一耳光！”

没有抱怨，没有丧气，一切都在笑声中淡化了。

凌晨4点，一辆救护车急驰在长安街上。陆士嘉躺在担架上，用微弱的声音安慰着坐在一旁的丈夫：“不要紧，我好多了。”

“别说话！”张维和护士几乎同时说道。张维惊魂未定地回想着刚才的那一幕，觉得自己的腿仍旧发软。

这是1962年，中央为制订十年科学发展规划在北京召开一个全国性的会议。张维是力学组副组长，陆士嘉是组员。为节约时间，与会者不管从哪里来的，都集中在西单民族饭店开会并吃住。张维、陆士嘉因为是夫妻，就被安排在一个房间。

会议开了三天，这天晚上小组讨论结束得很晚。回到房间里，陆士嘉说有点累，脸也没洗就合衣躺下了。张维看了看妻子的脸色，像是比平常苍白一些，问道："有什么不舒服吗？"

陆士嘉回答说："没什么，你先睡吧。"

张维也累了，像往常一样沾枕头就入梦乡。刚刚睡着不久，就觉得旁边有动静，而且好像听到一声："我难受。"

打开灯一看，陆士嘉的嘴唇变得发黑了，脸色苍白，手也仿佛在抽动。这一下可把张维吓得魂飞天外，失声大叫了一声："士嘉！你怎么啦！"可陆士嘉已经说不出话来了。

张维急得一只手拉着她冰凉的手，另一只手赶紧咚咚地捶墙。隔壁住的是清华数力系的同事杜庆华。听见动静，他赶快跑了过来。此时张维因过度惊吓和极端紧张，内分泌忽然大乱：一会儿要小便，一会儿要大便。杜庆华眼看这个可怜的同事简直什么也做不了，就果断地着手处理一切：先是迅速查看了陆士嘉的情况，判断出很严重后，就对她说："什么也不要想，静静地等医生来，好吗？"

见陆士嘉微微点了下头，看来神志还清醒，两人微微放了一点儿心。杜庆华赶紧给一同开会的一位熟悉的内科大夫打电话，请他以最快的速度过来，这里有垂危病人。

大夫就住在同层，准是受过紧急集合的训练，仅用了三分钟多一点儿就衣冠整齐戴着眼镜挂着听诊器到了。他听了一下病人的心肺之后说了一句："千万不要移动她，我去拿针剂。"就急匆匆出去了。

又一个三分钟，这期间张维已经跑了两次卫生间，出来后正赶上大夫手举针管准备注射。张维问了句："什么针？强心剂吗？"

大夫一面迅速地给陆士嘉胳膊消毒，一面答道："是镇静剂。此时绝对不能用强心剂，否则心跳一加速，氧气供不上，生命就危险了。"

张维看了一眼大夫，看上去比自己还小几岁，却是很有经验，镇定自若的样子，这才把那颗揪了半天的心放下了一半。转头去看陆士嘉，只见她原来惨白的脸上渐渐有了血色，握着的手也从凉得怕人慢慢转热了。张维和一直站在一边的杜庆华两人都长出了一口气，不约而同地说："大夫，太谢谢你啦！"

大夫倒没他俩那么放心，他仔细看着陆士嘉的脸说："不用谢。她的情况还很严重，千万不要移动她。我去联系北京医院，让他们两小时以后派救护车来。陆先生得尽快住院。"

到了医院，一测心电图，显示竟然正常，可人还极度衰弱。以后的日子就是边吃药边进行各式各样的检查。最后，被确诊为"冠状动脉粥样硬化"。

陆士嘉从流体力学纯学术的角度问道："粥是半流体呀，怎么叫硬化呢？"

人家说："就是这么个叫法。"

从医院出来以后，陆士嘉就正式戴上了"病号"的帽子，被迫全休了。一开始，她还真挺听话的，因为这次发病前一点征兆没有，可突然只差一步之遥就够着阎王爷的鼻子尖，这让她着实明白了"粥样硬化"的厉害。后来她开玩笑地跟别人说："这回要是写一个人临死前的状态，我准能写得很生动。开始就觉得心像有人揪着似的痛，然后就觉得手脚发凉。这股凉气慢慢往上走，走到胳膊肘时就觉得牙往一块儿咬。当时我心里想，这就是死吧，都牙关咬紧了。刚要想见不到儿子女儿了怎么办？就听见杜先生说不让我想事，我知道这是个生死关头，于是听了他的话，什么都没想。"

1963年，北航安排陆士嘉去青岛、杭州等地疗养。她老老实实都去了。后来院里又提出要送她去桂林疗养时，她坚决拒绝了。她说："为什么一定要出去养病呢？我在北京不是一样可以养吗？"人们劝她说在北京怕她不时地要过问学校的事，她说："我明白，为了今后能继续工作，我保证在北京好好养病，积极配合治疗。"

陆士嘉说到做到，除了按时吃药外，每天出去走路。开始时只在清华园内走，后来觉得感觉不错，为加大运动量，干脆走出了校门，往体育学院走去。路程有计划有步骤地一点点加长，最终定在每天一次从清华西门出去，到体院南门返回，来回共走8公里。有时还走到北大，去看看老朋友周培源夫妇。就这样坚持了两年多，除了刮风下雨等恶劣的天气外，陆士嘉几乎是天天走，月月走。到后来一天不走一段路就觉得浑身不对劲。

两年下来，她的身体大见好转，供血不足的现象几乎没发生过。于是她向学校提出恢复上班，恢复招研究生。

重新上班后，学校领导考虑到陆士嘉身体欠佳，决定给她配一辆专车，做上下班接送之用。在征求陆士嘉意见时，她坚决反对。理由是：第一，学校小汽车不多，她占了一辆，外出开会的同志就有困难了；第二，作为一个党员，这样影响不好。可校方还是决定执行这个给她派车的方案。

头一天，汽车准时开到清华10公寓。陆士嘉一看就急了："我不是说过我不坐小汽车吗？"

司机郝师傅为难地说："学校派了我来接您，我不能不来不是？既然来了，您就上车吧。"

陆士嘉坚决地说："不行。"说罢，拿起包包就朝校门走去。

郝师傅不敢怠慢，赶紧打着火追了上去。到了31路车站，趁着陆士嘉等车的功夫，他从车里下来，再次劝陆士嘉上车。陆士嘉说："你快开回去吧，说不定哪位同志等着用车呢。"

"您放心。"郝师傅笑着说："学校都安排好了。我这辆车专门就是接送您的。"

陆士嘉摇着头一面回到站牌下继续排队，一面对郝师傅说："你快回去吧，我是不会坐的。"

好在售票员看见了这一幕，要求乘客给陆士嘉让个位子。要不然，只怕陆士嘉会站到北航去。

"北航到了，请下车。"随着售票员的声音，车门开了，陆士嘉下车一看，郝师傅的车正停在路边等她呢。她知道，只要一坐上去，这辆车就成了她的专车了。于是再次坚决地摆了摆手："到都到了，这么点儿路，我走走就行了，还可以锻炼身体。你快回车队吧。"

如此这般折腾了两个星期，郝师傅每天按时到清华，然后独自开着空车跟在陆士嘉乘坐的公共汽车后边开到北航。院里看看实在拿倔强的陆士嘉没办法，只好收回决定。陆士嘉如释重负，乐得天天坐公共汽车上班。身体倒因此一日好似一日。她的学生朱自强怕老师累着，常常要在下班后陪着她走到31路公共汽车北航站。两人一路走一路谈工作，这几乎成了朱自强每日必修的"功课"了。

1966年夏，谁都没明白过来是怎么回事呢，忽然就乱了套了。清华园里斗"走资派""反动学术权威"。张维也被贴了一些大字报，并且被挂牌儿游街。陆士嘉心想：在北航，我算得上是"学术权威"了，一两场批斗怕是难免。那时候被批斗对象都采取"坐飞机"的姿势，即身体弯成90度，两手背到身后。她怕自己的身体吃不消，但又绝不愿意在别人面前倒下去。本着一切经过试验的科学态度，陆士嘉趁家里没人的时候掐着表试着弯了两次腰，看看自己能坚持多长时间。两次试验的结果，证明坚持半小时是没问题的。

可惜，或者说幸亏这个试验并没有派上用场，大概是她的人缘好，又或许是不住在校内，总之北航的造反派没有揪斗她。连贴她大字报的都几乎没有。只是"北航红旗"的一个小头头听说陆士嘉乐善好施，于是跑到清华来问她"借"了200元。当然啦，这钱是"肉包子打狗——有去无回"的了。

紧接着，相处多年的老阿姨王祥妹被“动员”回了老家。造反派问：“你是什么出身？”

王祥妹操着吴侬软语：“阿拉丙(贫)农。”

“贫农还为资产阶级知识分子服务！一点阶级觉悟都没有！”

王祥妹又磨蹭了几天，架不住天天有人来威胁，并且不久以后发给张维、陆士嘉的生活费加一块儿都不够她的工资。无奈，她回老家了，含着眼泪。

清华附中“红卫兵”在抄家时重点是现金和从国外带回来的玩具。那些玩具一直被锁在一个玻璃柜子里当展品，连孩子们都没让动过，就被一股脑儿拿走了。现金只找出几百元来。抽屉里的存折也只有几千元。心有不甘的几个半大小子把全家的棉被、褥子都拆了，企图翻出藏匿的存折来，结果自然是白忙活一场。他们说：“你家是清华最有钱的人了，一家两个教授，怎么着存款也得有个十万八万的吧？”

两人说：“那你们就找吧，找出来都算你们的。”

来人自然是空手而去了。

作为“反动学术权威”，张维、陆士嘉不多的存款被冻结，工资也不发了，仅给生活费。按一人养活一个孩子计，每人每月发40元。也就是说，一家四口每个月收入仅80元。以前的收入是张维的工资减去100元党费，陆士嘉的工资280元减去100元党费，即(324−100)+(280−100)=404。突然只剩80了，这实在有点儿少，于是全家掀起大拍卖活动。

“文革”期间全家游颐和园（1966 年），左起：张克澄、张维、陆士嘉、张克群

陆士嘉一面翻箱倒柜地倒腾东西一面后悔道：“可惜当年没置些首饰，不然现在拿来卖，那该多值钱！”

张维说：“啊？当初要让你买首饰，你会同意吗？我连送你首饰都不敢，唯恐被扔到窗外。”

陆士嘉直起身笑着对孩子们说道：“听听，把我形容得像个母老虎。”

幸亏翻出了一对订婚戒指，拿到灯下仔细一看，竟然是金的。全家大受鼓舞，说把它卖了够过两个月的了。于是公推克群出面(她看着不像小偷，也不像“联动”）到城里的大银行给卖了。那是她第一次有了卖首饰的经验，也是第一次看见试金石。银行的人拿起戒指，在一小块黑色的石头上一蹭，然后在灯光下仔细看那被磨下来的颗粒，最后确定金子的成色。

再下来就是一些衣服了，包括出国访问置的装，还能卖几个钱。然后就是值点儿钱的瓶瓶罐罐，乃至涮羊肉的火锅、盛水果的铜盘子什么的，都卖了。挺好的火锅是当废铜烂铁卖的。陆士嘉还特别嘱咐孩子们："那里面有个铁箅子得拿出来，不要混在里面当铜卖了，两者的价钱差远了。"

克澄撇了撇嘴笑道："你就是不拿出来，收废铜烂铁的也会给捡出去，人家是干什么的！"

到后来，陆士嘉卖东西竟上了瘾似的。有时往空了许多的屋子里一坐，便开始环顾四周，一面念叨着："还有什么可卖的吗？哎，那两个景泰蓝的罐子挺沉的，当铜卖能值点儿钱。"

克群一听，赶忙阻拦道："不行不行，这里混杂了瓷啦漆啦的东西，不能跟铜一起骗分量。"这才算把祖宗留下的唯一一件"文物"保存至今。

不久后，克群和克澄就一个去黑龙江大庆，一个去山西稷山，名副其实地各奔东西了。

又过了两个月，张维也被下放到江西南昌附近的鲤鱼洲清华干校去养猪。一家四人分作四处，清华就剩下陆士嘉一人。家，不像家了，倒像是个留守处。

陆士嘉在北京，一个人过日子挺清闲的，跟新的"邻居"们(其实不算邻居，英语叫作 roommate)相处也挺好。唯一的事情就是和

分别在即，在圆明园留影

丈夫、子女通通信，也就是每月三封信而已。幸亏家里还有许多书，这回可是有的是时间看书了。就是不大会做饭。好在陆士嘉对吃饭要求历来不高，常常就在公寓的食堂解决了。偶尔煮个棒子面粥，还因为水开了才往里下干棒子面，结果成了疙瘩汤。

这期间，陆士嘉的舅舅施今墨去世了。在施今墨病重期间，在他们一家最困难的时候，陆士嘉把从生活费里省下来的钱、变卖东西的钱统统给了他们，说是偿还当初留学时舅舅资助她的费用。当然，那点钱还不到舅舅给她的钱的十分之一，但对舅舅一家来说，已是久旱的甘雨了。

1971年9月，克群在上海的婆婆家待产，生第二个孩子。张维

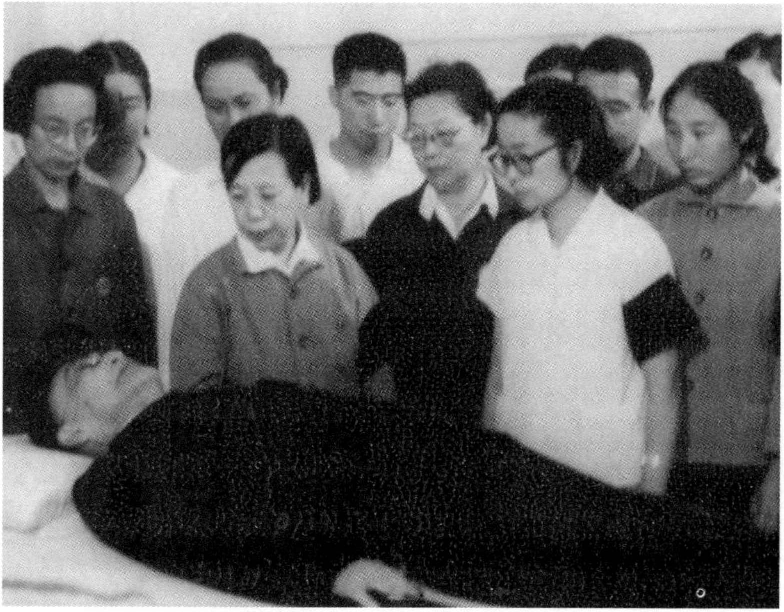

施今墨遗体告别（1969 年），前排左起：大女儿施月华、夫人张培英、陆士嘉；
后排左起第二：二女儿施月秀、小儿子施小墨

结束了养猪生涯，准备回北京。路过上海时，他停下来看女儿。张维跟她说："坐完月子回北京吧，省得麻烦你婆婆。"的确，婆婆家就一间屋子，两张床，给坐月子的克群和她女儿晓江一张，公公、婆婆挤在另一张床上，这令她很是过意不去。于是她采纳了爸爸的建议。

又回清华了。留给张家的两间房之一的书房是个朝南的屋子，大一些，产妇和孩子被优待在这里。陆士嘉戏说一年没听张维的鼾声，她已经不习惯了，自愿睡在楼下保姆间。大家都觉得这是托词，她分明是要照顾辛劳了一年多的丈夫，把条件好些的屋子让给他。

“文革”后期的夫妇俩（1972年，清华10公寓14号）

屋子还是那间屋，床可是都没了。家里给女儿买了一张小折叠床，外孙女晓江则睡在一架舍不得卖掉的书架子里。怕她闷着或滚出来，推拉的书柜门半开半闭。那些书呢，就当了张维的床垫。他把书铺在地上，再放上两床被子，就是一张床了。

克群过意不去：“这样行吗？多硌得慌啊！”

张维则满意地说：“嘿！这比在鲤鱼洲强多了。”

陆士嘉此时接到“文革”后的第一个任务：翻译《流体力学概论》。这本书是普朗特教授撰写的经典性的权威著作。在普朗特教授去世后，他的学生们根据力学的新发展，对该书的内容做了很多修订和补充。1967年，陆士嘉的同行、物理学专家郭永怀接受了翻译此书的英译本的任务。谁也没想到，郭永怀竟然在1968年12月5日的一次空难中不幸牺牲了。当人们找到他的遗体时，发现他和警卫员紧紧拥抱在一起，两人身体之间夹着刚刚获得的氢弹实验数据。郭永怀用自己的生命保护了这些极其重要的资料，也把刚刚开始翻译这本巨著的任务留给了陆士嘉。

郭永怀（1909—1968）

长达几年的艰苦工作开始了。因为郭永怀翻译的是英译本，而陆士嘉要改用德文原本，衔接有一定的难度，实际上等于从头开始。陆士嘉以她一贯认真的态度，不但内容忠于原著，就是标点符号，也一丝不苟地忠于原文。陆士嘉以前学的是繁体字，现在要求用简化字。为此，她买了一本新华字典，逐字逐句地把繁体字对应地改成简化字。这期间，陆士嘉还要担负北航的工作，带博士生。克群为了让妈妈劳逸结合一些，就对她说："妈，你别太累了。我看我每个星期天带着孩子们来看你吧，咱们一起休息休息。"

陆士嘉大急："不行不行。你们一来，把我的工作计划都给打乱了。我是有严格的计划的。定好了一天翻译多少页，就得完成多少页。以后啊，你们还是少来吧！"

翻译工作有时候比自己写书都困难。光是书里涉及的一百多德国人的名字翻成中文，就令陆士嘉大伤脑筋。更不要说还要查阅大量相关的德文文献了。有时累得素不叫苦的她都叹气道："唉！要是有个助手就好了。"

1981年，好不容易把这本55万字的巨著翻译完了。她请了曾经留学东德的北航教授，也是张维的学生忻鼎定来校对这本书。接到这个任务，忻鼎定又惶恐又高兴。惶恐的是自己需要加倍努力才能对得起敬爱的老师的信任；高兴的是得到这样一个向前辈学习的好机会。经过一番认真工作，证明他是胜任这一工作的。

在署名的问题上，陆士嘉提出，第一应该是郭永怀，第二才是自己。科学出版社不同意。理由是陆士嘉翻译的这个版本和郭永怀翻译的那本不一样，增加了许多内容。而且郭永怀已过世多年，并未参与本书的翻译。最后陆士嘉做了让步，署名为：陆士嘉、郭永怀。

出版社给了4000元稿费，陆士嘉说："当初接下这项任务时并没有说有稿费的，怎么突然冒出稿费来了？"

编辑说，那时候不是"四人帮"时期嘛，现在四人帮倒了，就该按经济规律办事了。陆士嘉坚决不要，说："我是拿国家工资的，怎么能再要别的钱呢？"

人家说这钱都已经发下来了，总不能再退回去呀。她拗不过编辑，只好将这笔钱收下，然后除了给帮她誊写书稿的人400元以外，一分不少捐给了宋庆龄儿童基金会。基金会的回报是一张在人大会堂放的新电影《都市里的村庄》的入场券。她嫌太远，把票给了女儿。

电影放映之前，舞台的幕布上用幻灯打出为基金会捐款的人员名单，顺序是按捐款多少排列的。第一名是邓颖超，4000元，陆士嘉排名第二，3600元。女儿坐在座位上，心中充满自豪。

1981年，中科院学部要增选新委员了。

“文革”后的第四届(1981年)中科院大会上，学部要增补学部委员。候选人的起码条件是得有三名学部委员推荐。推荐陆士嘉的有七名学部委员(张维回避)，包括人称“教育宗师，科学泰斗”的严济慈老先生。在第一轮讨论时陆士嘉即通过。请她填写表格时，陆士嘉奇怪地问道：“我并没有申请要当学部委员，怎么突然要我填表啊？”

人家告诉她，这事不像入党，需要申请。这是大家觉得某人条件够了，便予以推荐。陆士嘉真心地说：“不，不，我觉得我做学部委员不合适。第一呢，我回国以后，主要搞教学工作，研究工作做得不多。第二，我年纪大了，身体也不大好，为国家出不了多少力了，应该让年轻人上。”

北航的领导批评她缺乏组织观念。“这不是你一个人的事啊，这是北航的大事！”经过多次做工作，陆士嘉才勉强填了表。

第二次讨论时，陆士嘉理所当然地又被列为候选人。可当人家通知她时，她又犹豫了。想来想去，她决定还是把有限的名额让给年轻人。这回学校说破了嘴皮子她也不同意。后来，陆士嘉干脆给中国科学院学部写了一封信，信里说：“年纪大的同志应该主动为中青年同志创造条件，应该让他们在前面发挥作用，我们这些人不当学部委员也会提意见、出主意，绝不能由于我们而挡住了他们(指中青年人)，这样对我国的科学事业发展不利。”并恳求从候选人中删去她的名字。

中国科学院在回信里赞誉了陆士嘉的高尚情操，认为信写得十分感人，体现了一名共产党员实事求是的精神和好作风。报上还将此事做了报道。严济慈老先生感叹道：“真是可惜呀！别人打破头要我推荐，我都推脱了。可我推荐了陆士嘉，她自己却给辞了！真是可惜。”

有些人埋怨她不该这样做，她坦然地说：“如果让我当学部委员可以增加中国妇女在科技界的地位，那还可以考虑。但毕竟我年纪大了，让中青年女科技工作者上去不是一样吗？”

当然，更多的人对她的行为还都是很佩服的。他们说：“现在争名誉争地位的大有人在，而让名让利的可就少多喽！”

这让人想起张维家客厅里挂的条幅：有容乃大，无欲则刚。

到了20世纪80年代。世界各国在这一时期都有不同程度的发展，其速度可用“飞速”来形容。在中国，人们称之为“科学的春天”也已到来，虽然晚了很多，虽然步履蹒跚，还是来了。此时的张维、陆士嘉都已是年近七十的人了，无论体力还是精力，都明显地大不如以前。他们知道，对于人生来说，这已是他们的秋天了。但他们没顾及这些，而是以实际行动和热忱迎接着这个好不容易盼来的春天。

在四川与编纂《中国大百科全书》力学卷部分人员（1980年）

1980年，国家开始编纂《中国大百科全书》。陆士嘉接到任务，带领一班人马在四川绵阳的空气动力研究发展中心编写力学卷中空气动力学有关条文。

1982年初，陆士嘉在福州主持召开第一次关于边界层问题的专题学术交流会。

同年5月，陆士嘉又应德国"洪堡奖学金"的邀请，远赴德国参加该奖学金召开的"有突出成就的洪堡奖获得者"表彰大会。因为怕身体吃不消，张维特地以家属的身份陪同前往。会后，陆士嘉被聘为德国应用数学和力学学会会员。

这是她最后一次出国。

出席德国“洪堡奖学金”大会（1982 年）

1983年初，陆士嘉继任去世的王德荣，担任《航空学报》主编。原投资者三机部认为此刊物学术性不够强，不大愿意出资。为此，陆士嘉在广西召开会议，讨论办法。最后决定出版工程版，以符合三机部的需求，也挽救了这个差点被撤掉的刊物。

1983年的秋天，陆士嘉作为全国空气动力学研究会副会长，发起并主持流体力学的新兴分支——分离流及旋涡运动的研究，并在四川成都主持召开全国性的学术讨论会。与会者很多都是她的学生。大家齐聚一堂，都十分高兴。

当谈到研究课题时，有人劝她不要搞这种不易见成效的课题，陆士嘉不同意。在她的脑子里，凡是对国家有用的、越是空白的课

开会期间与老同事合影（1983 年）

题，越是要上。要不然我们什么时候才能赶上国际先进水平呀？

在会上，陆士嘉对大家说："我深知这类问题在短时间内是见不到成果的，甚至下一代人都难见到。科学研究往往需要几代人的努力，科学工作者的职责就是探索，不然不是徒有虚名了吗？我总是希望我国有所突破。这并不是说凡我搞的研究，一定要有突破。我愿意成为探索的一名小卒，一块铺路石，为后面的人做点探路的工作。"

会后，组织大家去峨眉山。陆士嘉自认为身体不佳，没有去。她的几个大弟子——朱自强、李素循也没去，在成都陪她逛街。成都离著名的古代水利设施都江堰很近，这个工程科技含量很高，倒

在四川成都与部分弟子在一起（1983 年）

是陆士嘉早就想去的地方。当她向组织会议方提出可否去参观时，基地欣然同意，并要为陆士嘉派小车。陆士嘉不同意："为什么不可以派辆大车呢？这样大家都可以去。"

可基地坚持要她坐小车，于是此行便以作罢告终。

基地的领导很奇怪："我们派小车是尊重她，怎么她反倒不高兴了？奇怪。"

陆士嘉也很纳闷儿："派辆大车怎么啦？我明明看见院子里停了三辆大车呢。奇怪。"

这是她最后一次出差。

与女弟子在一起（1983 年）

与爱徒李素循

在大好河山感召之下，难得也手捧鲜花

1985年春节，克群在德国进修，克澄也到美国念书去了，家里显得有些冷清。老两口和同住的孙女张姗姗、回家来看外公外婆的高晓松、高晓江吃着年夜饭。饭吃到一半，陆士嘉忽然问张维道："我这是在阴间还是在阳间？"

大家吓了一跳，可看看她表情，有些呆板，不像是在开玩笑。张维心里觉得不大对劲，想起近两年来她老是觉得有些浮肿，姜泗长也曾提醒可能肾有问题。第二天张维就带她去北航的合同医院北医三院看病。

等到检查完毕，大夫的一番话着实吓了张维一大跳："她的症状是尿中毒。不久前北航职工来做体检，当时就查出她有轻度尿毒症。我们曾通知学校，让她来复查，为什么没来呢？"

张维心里知道，妻子最不爱干的事就是看病，但没敢对大夫说，只是问："那现在怎么办呢？"

大夫说："做进一步检查吧。我怀疑她得的是肾方面的毛病。这样吧，我给她开个转院单。您知道，协和医院治疗肾病是专长。"

进了协和医院，陆士嘉就再也没有出来。她被确诊为肾功能衰竭，需要做血透析，而且每周要做两次。以她的年纪和长期心脏病的身体状况，跑来跑去地折腾是不可能的。

自从妻子住了院，张维的心就分成了两半：深圳大学刚走上正轨，他要不时地去看看。然而妻子这边也是绝不能不管的。他奔忙于深圳和医院之间，不时地还要出国，真成了名副其实的大忙人了。可在他的一生里，除了"文革"的那几年，他什么时候又闲过呢？

陆士嘉的病情，一开始应该说还算稳定。每次做完透析，看起来跟好人一样。暑假后，北航甚至还给她招收了一名博士生。她听说后笑着说："也不问问这人还喘气不喘，怎么还给我招学生啊？"

人家告诉她，不是学校要给她招，是那名学生非要投在陆先生您的麾下。

无奈，她只好收下了。但指导这名研究生，她已经是心有余而力不足了。这副担子就落在她的学生、现在的北航教授朱自强的身上。

为了辅导好这名学生，朱自强数次到医院来与陆士嘉商量研究课题。最后确定为"三维边界层的反问题计算"。当时国内尚未开始这方面的研究。陆士嘉语重心长地对朱自强说："这是在边界层研究的一个重要方向，困难会不少，我身体不行了，主要靠你了。”

朱自强心里暗自难过，但他表情尽量轻松地说：“您只要确定下方向和题目，就安心养病吧，我会随时向您汇报，请您把关。我们一定会成功！”

应该说，带博士生，关键的问题是选题。博士生的课题是真刀真枪的。首先，你得把世界各国有关的课题都研究一遍，别跟人家的搞重了，更不要搞别人已经搞过的东西。其次，所研究的内容必须对本领域有所贡献，不能是纸上谈兵。这需要看多少资料、动多少脑子，大概只有博导们才知道。陆士嘉的病情一天比一天加重，到后来几乎不能进食，吃什么吐什么的情况下，要以多大的毅力才能做这些工作啊！

由于吃不下饭，张维带去她平时爱吃的陈皮梅开胃。看到妻子吃吃吐吐的样子，他难过得直掉眼泪，妻子却笑笑，反过来安慰他道：“咳，没事儿，我这是在骗陈皮梅吃。”听了这话，张维哭得更厉害了。

在陆士嘉病重期间，正在中国访问的美国麦道飞机公司总裁、加州长堤大学教授赛贝西(Dr. Cebeci)知道了这一消息，立刻携夫人一同前往医院探望。他说：“陆教授是我最尊敬的教授之一，是我最尊敬的女性。我希望她的病会好起来。”

说起来，陆士嘉和赛贝西教授还是通过她的学生朱自强认识的。1981年，朱自强在德国认识了这位美籍边界层计算专家。不久，赛贝西教授表示希望到中国去，于是朱自强把这件事告诉了陆士嘉。陆士嘉听了很高兴，亲自写信邀请赛贝西教授来北航讲学。在

赛贝西夫妇到医院探望陆士嘉（1986 年）
左起：张维、赛贝西教授夫人、赛贝西教授 、陆士嘉

讲学期间，赛贝西教授与北航建立了良好的合作关系。

张维为了给妻子治病，遍访名医。真可谓病急乱投医。经人介绍，请一位有名的针灸大夫来给看了，然后开了方子，指定了八个穴位，要用艾卷来灸，每个穴位要灸69下，隔一天灸一次。因为灸的次数太多，每次都是女儿行灸。张维拿支笔，用画正字的方法计数。灸一下以觉得烫为准。每烫一下，陆士嘉都会浑身哆嗦一下，女儿就含着泪，半呜咽着轻轻念一个数。1、2、3……67、68、69。一个穴位完成，她已痛得浑身是汗了，身上也烫出一个个红点。看到她这个样子，两人实在不忍心再做下去。可是当问她还要不要继续的时候，她虽然已经疼得话都说不出来了，还是咬着牙点点头。在她心里只有一个愿望：治好病。为此，多大的痛苦她都准备忍受下去！

针灸没起多大作用，而且坚持了一年多的血透析也渐渐做不下去了。因为每次要打出1000毫升的血，在机器里循环消毒之后再输进血管里去，这无疑给心脏增加了很大的负担。到后来每次一做透析就会导致心脏停跳，可是不做，又会尿中毒。大夫犹豫了。经过慎重研究之后，决定暂时停止透析。

在一次停止透析之后第三天，陆士嘉的神志严重混乱起来，连着两天两夜不吃不睡，光是大声说胡话，招得满走廊的病人家属都感到奇怪："陆先生这是怎么啦？平常那么温良恭俭让的一个人，从不大声说话，今天怎么这样反常啊？"

大夫跟家属说，这样下去，心力会很快衰竭的。于是再次尝试着做了一次透析。

从透析室回来，她清醒了，小声问女儿："我昨天怎么了？"

女儿装作若无其事地敷衍道："没怎么呀，挺好的，很正常。"

"不对，"陆士嘉摇了摇头："我觉得他们看我的眼神有点奇怪，准是我说了什么不大对劲儿的话。"

众人看她清醒了，纷纷松了口气："没事儿，没事儿，您没说什么，挺好的。"

等人们走了，她再次嘱咐女儿："要是我说错了什么话，替我给人家道声歉。"

又做了一次透析，这时她的体温突然升高到40度，人也昏迷了。医生马上把她送回病房，很快，各种仪器、小推车全来了，横七竖八挤了一门口。可是，强迫呼吸、电击、直接往心脏上打针，都没能让她再次醒过来。

张维此时几乎什么事也做不了，连抢救的场面都让他完全不能接受。他坐在住院部顶头的一间空空荡荡的接待室里，脑子一片空白，又好像挤满了东西。他仿佛听见自己用年轻的、正在变声的嗓音叫她三姐，又仿佛看见她手拿着刻了字的钢笔，正要递给他。在柏林炸弹的呼啸中，他俩在一起钻防空洞。在北京，小女儿夭折后她痛不欲生地坐在医院里，右手哆嗦着在遗体捐赠的文件上签字。一眨眼，画面又被疾驰的救护车所代替。车子里，担架上，妻子正脸色苍白双目紧闭地躺着，一句话也不说。唉，那么多沟沟坎坎，你可都挺过来了呀，难道今天就真的再也不能站起来，再也不能跟自己说："开什么玩笑！"再也不能……

张维的心因极度的疼痛而缩成一团，思维也再次消失了，脑子全空了。病房里，正要出差的女儿跟她的老公在依然发烫的遗体边哭泣着，忙碌着，他一概不知。

没有来得及对亲人说些什么，没有来得及对她挂牵着的学生嘱咐什么，陆士嘉安安静静地走了，如同平日的寡言少语，如同平日的与世无争，如同平日的安静面对。

那一天是1986年8月29日。陆士嘉脚踏实地、无愧无悔地走完了她的一生。终年75岁零5个月11天。

遗体告别那天，按规定准许来600人，实际上如果不是八宝山方面因为场地所限，恐怕1000人都不止。不大的屋子里挤满了各界

国务院副总理习仲勋同志参加遗体告别，正在签到

钱学森前来告别老朋友

送的花圈。前来送别的除了国家领导人习仲勋、杨静仁外，陆士嘉教过的学生，还有跟她共过事的、同住过一个病房的，甚至还有学生的家长。当然，亲属和朋友也都来了：陆家的、张家的、姜家的、汪家的、祝家的……大家纷纷惋惜陆士嘉去得太早。

生命的长短，不是自己所能把握的，但生命的足迹，却是自己一步步走出来的。

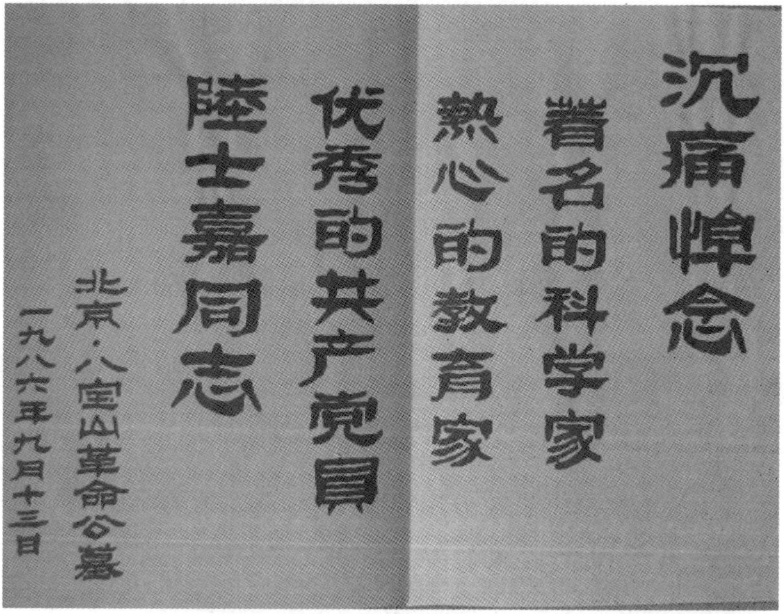

遗体告别签到簿首页

陆士嘉的骨灰被安放在八宝山革命公墓西二室。每年清明和她的忌日，张维都要带着孩子来这里寄托哀思。每次去八宝山，他都痛哭流涕，不能自已。

附录一　陆士嘉讣告

中国人民政治协商会议第六届全国委员会常务委员，中国民主同盟第五届中央委员，中国空气动力学研究会第二届副理事长，中国力学学会名誉理事，中国宇航学会气动力学专业委员会副主任，《力学进展》副主编，北京航空学院教授，中国共产党党员陆士嘉同志，因病医治无效，于1986年8月29日下午5时10分在北京逝世，享年75岁。

陆士嘉同志1911年3月18日生，浙江省萧山县人。1933年北平师范大学物理系毕业，1937年赴德国学习，1942年获得哲学博士学位。1946年回国。先后在天津北洋大学水工研究所，清华大学和北京航空学院任教。陆士嘉同志曾任全国第一、二、三届人大代表，第五届全国政协常委，全国妇联二、三、四届执委，中国空气动力学研究会第一届副会长，中国力学学会第一届常务理事，第二届理事，中国航空学会第二届常务理事，《航空学报》主编等职。

陆士嘉同志是我国第一位著名的女流体力学家。她从少年时代起就培养了强烈的献身于科学的决心和振兴中华科学的精神。在哥廷根大学，她在当时试验对她严格保密情况下，完全用理论方法处理的一个复杂的流体力学问题，而且所得结果与试验结果，吻合一致，从而完成了《圆柱射流遇到垂直气流的上卷》的论文，获得了哲学博士学位。陆士嘉同志不仅是我国粘性流体力学的一位老前辈，而且随着科学的发展，她关心并支持一些新兴的流体力学分支发展。早在50年代和60年代初期，她就积极从事粘性流体和磁流体力学的研究和组织工作。近年来又积极关心和支持生物流体力学的发展，发起并支持分离业务和旋涡运动为主题的流体力学的全国性学术讨论会。这些活动无不倾注着她为推动我国流体力学发展的大量心血。

陆士嘉同志一生致力于教育事业。年轻时从事中学物理教学，深受学生的欢迎。1952年任北京航空学院建校筹备委员会委员，为创建航空学院作出了贡献。在完成繁重教学任务的同时，仍以充沛的精力，与其他同志一道建立的一套低高速风洞设备，创立了空气动力学新专业，为我国的空气动力教学和研究奠定了基础。1955年至1957年，她还应聘为北京大学兼职教授。

陆士嘉同志回国后一直坚持培养研究生，直到病逝，为培养新一代的科学工作者，呕心沥血。她一贯对学生和中青年教师满腔热情，循循善诱。她以渊博的知识，敏锐的分析能力，严谨的治学方法和严肃认真的教学态度，为祖国培养了大批人才，桃李满天下。她的许多研究生和早期的助教，目前或担负着重要的领导工作，或是教学科研第一线骨干。陆士嘉同志对中青年科学家的成长极为关心。我国流体力学科研单位中,许多中青年工作者,都得到过她的教诲。在科学院增补学部委员时,为了充实更多有成就的中青年科学家新鲜血液,她主动要求删去候选人名单中她的名字。她在身体多病的情况下,在“文革”后期,还亲自将其导师,现代流体力学奠基人普朗特教授撰写的著名《流体力学理论》第七版翻译成中文版。

陆士嘉同志一贯重视中小学教育,近年来她不断向有关部门呼吁加强基础教育,并且还积极倡导和组织民盟成员开展培训幼儿师资教育工作。陆士嘉同志为发展我国教育事业贡献了自己毕生的精力。

陆士嘉同志早在学生时代,就追求进步,痛恨当时反动政府的黑暗统治和帝国主义的蛮横欺凌,积极参加爱国活动和支持革命活动。通过她在清华大学新中国成立前后的亲身经历,深切感受妇女解放赋予它的生命力。她拥护中国共产党的领导,热爱社会主义。她1951年参加民主同盟,1956年参加中国共产党,接受了党给的大量社会工作,从事团结知识分子、妇女和国际交往工作。解放初期,陆士嘉同志按照党的需要,积极投入到繁多的出国访问活动,努力宣传新中国,为发展我国人民和其他国家人民的友谊和平做出了贡献。“十年动乱”期间,陆士嘉同志受到残酷迫害,但她从不计较个人的恩怨,更坚定了她热爱党,热爱社会主义的信念和为祖国为人民服务的决心。粉碎“四人帮”以后,她衷心拥护党的十一届三中全会以来路线、方针、政策,精神振奋,老当益壮,不顾疾病,努力工作，参加各类社会活动和与国外学术交流活动。1982年应邀去西德访问，应聘为德国应用数学和力学学会会员。积极推荐中青年同志出国访问、学习。陆士嘉同志驰骋不懈，成绩斐然，鞠躬尽瘁，死而后已。

陆士嘉同志是一位国内外有名望的女科学家，但她为人热情谦逊，不慕荣利，刚直不阿。能密切联系群众，关心和帮助周围中青年知识分子和工农大众，而对自己和子女却很严格，因而在群众中享有很高的威望和崇敬。她总是以党的事业为重，服从需要，时时刻刻以一个中国共产党员的高标准严格要求自己，不愧为一个优秀的党员。

陆士嘉同志关心祖国统一大业，怀念在港澳及台湾的亲友故旧，盼望海峡两岸骨肉同胞早日团聚，并为此做了许多有益的工作。

著名的科学家、热心的教育家、优秀的共产党员陆士嘉同志的逝世，是我国科学界和教育界一大损失。我们沉痛悼念陆士嘉同志。她为祖国人民所作的贡献必将在我国两个文明建设，特别是社会主义科学事业发展中发挥重要作用。

附录二　钱学森在纪念陆士嘉教授逝世一周年学术报告会上的讲话

陆士嘉教授是我所尊敬的一位女科学家。今天纪念她，使我想起66年前的事。她幼年住在北京的堂姐家里，是寄人篱下吧。她心里受到压抑，再加时逢国家内忧外患，但她不屈服于环境，反而锻炼成一位意志刚强的女性。后来她终于成为中国共产党党员，她誓为建设中国特色社会主义而奋斗终生，为走向共产主义做出了贡献。所以，陆士嘉教授又是我们的同志，好同志！

我认得陆士嘉同志是在少年时代。在20年代初，我们是当时的北京高等师范学校附属小学的学生，那时我们敬爱的邓颖超同志在这个小学校当老师。这也就是故事影片《城南旧事》所寄托的那个学校。当时陆士嘉同志和我同班，还有张维同志。我们那时天天见面。后来我们都进了北师大附中，但那时附中是男学生、女学生分班，仅在选科时才在同一教室听课(但又左右分坐，男女各半边)，所以，就见不到陆士嘉同学了。从这时起，中间30多年，我们音信不通。虽然有一个时期我们都在国外，但她和张维同志在大西洋东边，我在大西洋西边，再加上第二次世界大战的原因，没有往来，就在1945年5月，我见到她的老师普朗特教授的时候也没有能知道还有这位坚强的来自中国的陆士嘉当他的第一个女博士生。

1955年秋，我终于归回祖国，自然同张维同志和陆士嘉同志重续少年友谊，并向他们学习社会主义道理。所以除了“十年动乱”时期，逢年过节不是蒋英同志和我去看望他们就是他们来看我们，总要畅谈大半天。但是在这种聚会中，我们不大谈学术工作。这大概因为我那时脱离教学工作，而且干的工作又有严格的保密规定，他们体谅我，所以就不谈学术工作。因此，现在我仍感到很内疚。我只知道陆士嘉教授的译著，就是那本她老师的名作《流体力学》，知道她在国内培养了好多流体力学、空气动力学的人才，其他就不知道多少了。

当然，陆士嘉同志为人民、为党、为国家所做的事是有目共睹的，人民感谢陆士嘉同志、党和国家感谢陆士嘉同志！就在陆士嘉同志最后的岁月里，在我和蒋英同志每隔一个多月去协和医院看望她时，尽管她疾病痛苦，但她和我们所谈的，仍然都是国家和世界的大事，而且“事理看破胆气壮”，言谈中对建设我们国家社会主义初级阶段充满了信心。

同志们，陆士嘉同志是值得我们学习的学者、科学技术工作者、社会活动家。我们开这个会纪念她是应该的。

附录三　士嘉书院博雅导师高晓松先生在开学典礼上的致辞

北航士嘉书院的老师们、同学们大家好！很荣幸有这个机会来到北航，来到这座以我的外婆陆士嘉先生命名的北航本科书院，分享一些有关外婆的点滴。

外婆生于中国风雷激荡的辛亥年。出生仅仅几个月，全家便惨遭灭门。她的爷爷陆钟琦是晚清最后一任山西巡抚。当时外婆的父亲正以留日同盟会员的身份劝其革命，起义独立，不料被山西新军突袭巡抚衙门，外婆的爷爷、奶奶、父亲、堂兄同时被杀，外婆被母亲抱着躲在假山石后幸免于难。

外婆跟着她的母亲回到北京艰难度日，中学时读了《居里夫人传》，遂立志投身科学。为节约开支，外婆勤工俭学读了当时不收学费的北师大物理系。作为物理系唯一女生，外婆不让须眉，以全系第一名的成绩毕业。

1937年8月，日寇发动侵华战争一个多月后，外婆和外公离开祖国赴欧洲留学。当那条载着留学生的最后一班英国班轮拉响汽笛离开上海港时，留学生们回望炮火连天的祖国，许多人痛哭失声，发誓学成归来建设这个悲怆的祖国。外婆与外公订婚时送给外公的钢笔上就刻着“勿忘祖国”四字。

外婆考入当时世界顶级的德国哥廷根大学，原本学习物理，后来听到日寇轰炸中国城市的暴行，就决心改学航空，投入世界空气动力学之父和现代流体力学之父普朗特大师门下，成为普朗特关门弟子和唯一女博士。有趣的是，与此同时，普朗特的第一位博士生、大弟子冯卡门教授，刚刚在美国加州理工学院带出一位中国博士生，同时也是外婆的小学同班、中学同级同学钱学森先生。所以后来钱先生见到外婆，常开玩笑叫“小师姑”。

新中国成立后，外婆在清华大学航空系任教授。1952年国家决定成立北京航空学院，外婆担任北航筹委会委员，是北航的主要筹建人之一。她自费买了一大堆肥皂，和教师们一起制作北航规划模型；如今的北航老校区，最早的蓝图就出自那些肥皂块。

外婆是北航第一任空气动力学教研室主任，也是建立中国第一个空气动力学专业的主要奠基者。她创建了中国第一个流体力学实验室，就是今天以她的名字命名的北航陆士嘉实验室，这是中国第一个以女科学家名字命名的实验室。

1955年，我的外公当选中国科学院第一届院士(当时叫学部委员)并担任清华大学副校长，因此外婆继续住在清华园。后来因为外婆身体不好，北航给配了一辆轿车，每天接外婆上下班。外婆为了不给国家增添负担，每天坚持坐公共汽车从清华往返北航。轿车司机没办法，只好在公车后面跟着，成了当时清华一景。外婆在北航还有一景，就是授课时双手同时板书，有周伯通双手互搏之能。外婆不但上下班坚决不坐小汽车，就连她担任第一、二、三届全国人大代表以及晚年担任全国政协常委期间，去开会都坚持坐公车，以至于发生了哨兵误会不许外婆进会场，不许带包进会场，导致外婆站在大会堂外等熟人的车存包的故事。

外婆留学德国期间，曾住在哥廷根大学著名物理学家波尔教授家中。波尔为人正直，坚决反对纳粹。“二战”期间兵荒马乱，波尔教授用一生积蓄买了750克铂金，托付给外公外婆；因为他们是盟国的公民，战后人身比较安全。并声明在乱世颠沛之中，如有遗失，绝不索赔。外公外婆带着铂金辗转归国，途径瑞士、法国，到当时的法属越南，在越南西贡还被关进难民营。外公外婆为了保护朋友的财产不被搜走，专门把这十几片铂金藏在我母亲的尿布里。最终被中国使馆营救，转道香港回国。1958年，通过一位东德教授找到了在西德的波尔教授，就托这位东德教授将铂金带到德国，完璧归赵。“文革”期间，除了“反动学术权威”以外，这也成了外公外婆的一项罪状：“偷运战略物资出境”。

“文革”期间外公下放江西农场养猪，外婆也靠边站。家被抄，工资被停发，只有极少的生活费，家中搬进好几户人。外婆在仅余的斗室里坚持翻译导师普朗特的著作，以至我母亲怀我的时候只能去舅公家待产。有一天外婆被叫去参加一项机密工作。原来那时国家想从英国罗尔斯罗伊斯公司引进飞机发动机(大家知道这家公司今天依然是世界三大飞机发动机制造商之一，包括战斗机和民航机)，但当时学术权威都靠边站了，参加谈判的人员专业能力不够，因此导致英方打算高价卖给我们劣质产品。主管领导最终决定把外婆找来参加谈判。当英方得知对面这位老太太是普朗特大师的关门弟子时，态度大变。外婆以深厚的专业素养据理力争，最终英方以合理的价格卖给了我们优质的发动机。

1981年，中国科学院补选院士(学部委员)，外婆被多位重量级院士推荐为候选人。在大家都认为外婆当选应无悬念的时候，外婆却向学校提出自己年纪大了，应该把机会留给年轻人。当时北航校领导批评她缺乏组织观念，说这不是个人的事，是北航的大事。因为当时北航只有沈元校长一位院士。在组织上多次做工作之后，外婆勉强填了表。然而在得知自己在第二轮仍为候选人后，外婆考虑再三，并征得全家人支持，直接给中国科学院写了一封信。信中说："年纪大的同志应该主动设法为中青年同志创造条件，应该让他们在前面发挥作用，我们这些人不当学部委员也会提意见、出主意，绝不能由于我们而挡住了他们，这样对中国的科学事业发展不利。"她力排众议，恳请从候选人名单中删去自己的名字。中国科学院在回信中深深赞誉她的高尚情操，认为信写得非常感人，体现了一位老科学家虚怀若谷的精神和作风。当时推荐外婆的著名科学家严济慈老院士事后说：别人打破头请我推荐我都推掉了，我推荐士嘉，她自己却给辞了，真是可惜。

如果说不爱金钱、不要待遇是那个时代大部分知识分子的节操，不做院士却是绝无仅有的新闻。当时许多媒体纷纷报道，都觉得院士是对一个科学家的最高荣誉，觉得难以理解，非常可惜。

别人觉得不解、可惜，外婆却觉得自然而然。她之后从没提起这件事，这件事和她大学时勤工俭学、留学时心系祖国、归国时毫不犹豫、受人之托须完璧归赵、身处逆境仍为国分忧一样，都是自然而然的事情。

每个人心里都有一份召唤，因了这份召唤而做的事情，都是自然而然的。越纯粹的人，内心的召唤越远大，越坚定。

北航从创建那天起，就是当之无愧的国之重器，承担着星辰大海般的辽阔使命。北航士嘉书院的上千名学生，都是堂堂中国名校生。名校生不仅仅意味着闪光的校徽、锦绣的前程，名校生还意味着召唤与使命：无论世界前进还是倒退，无论科学昌明还是黯淡，都努力站在人类的最前列，披荆斩棘，捍卫真理；达则兼济天下，穷则独善其身。须百折不挠，才不负此生。

谢谢各位！

高晓松

2018 年 9 月 15 日

附录四 陆士嘉主要学术著作

1. 陆士嘉:《流体力学》, 北京: 清华大学出版社, 1947年。

2. Chia Lu. "On the surface of discontinuity between two flowsperpen-disular to each other",《国立清华大学工程学报》, 1948, 4(1): 40-62。

3. 陆士嘉:《空气动力学》, 北京: 清华大学出版社, 1949年。

4. 陆士嘉:《高速粘性流体力学》, 北京: 北京航空学院, 1959年。

5. 陆士嘉、张涵信、吴江航:《高超音速流》, 北京: 北京航空学院, 1960年。

6. 陆士嘉:《附面层理论》, 北京: 北京科学教育出版社, 1961年。

7. 陆士嘉:《电磁流体力学》, 北京: 北京航空学院, 1962年。

8. [德]普朗特:《流体力学概念》, 陆士嘉译, 北京: 科学出版社, 1981年。

附录五　陆士嘉遗嘱

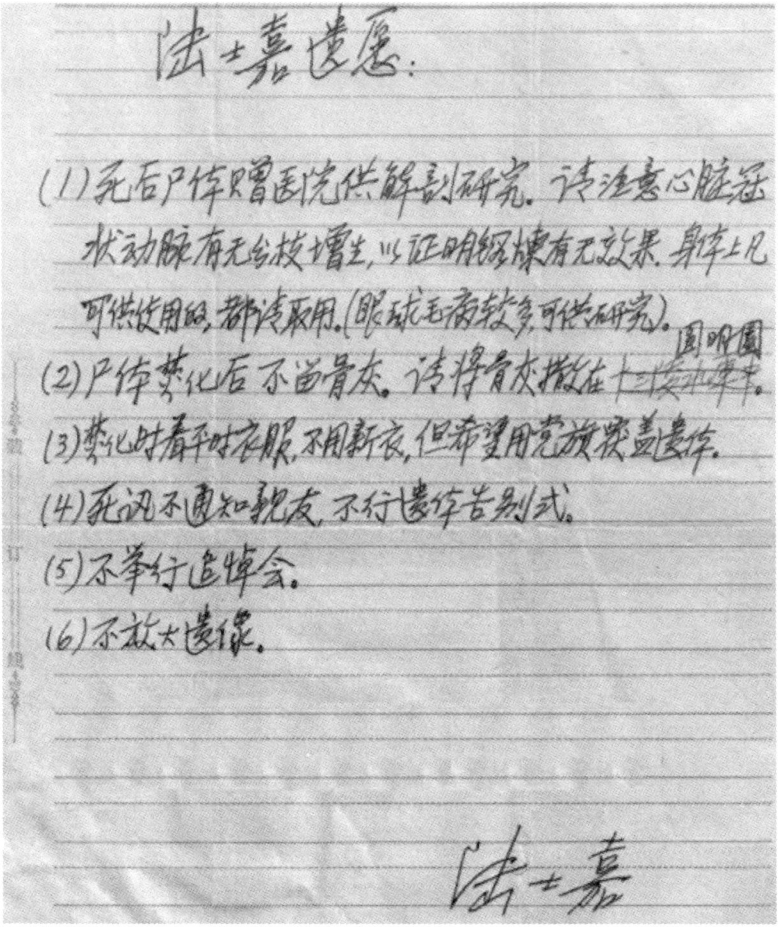

陆士嘉遗愿：

(1) 死后尸体赠医院供解剖研究。请注意心脏冠状动脉有无结核增生，以证明锻炼有无效果。身体上凡可供使用的，都请取用。(眼球毛病较多，可供研究)。

(2) 尸体焚化后不留骨灰。请将骨灰撒在~~十三陵水库~~圆明园。

(3) 焚化时着平时衣服，不用新衣，但希望用党旗覆盖遗体。

(4) 死讯不通知亲友，不行遗体告别式。

(5) 不举行追悼会。

(6) 不放大遗像。

陆士嘉

参考书目

1. 刘克选、方明东主编:《北大与清华》,北京:国家行政学院出版社,1998年4月。

2. 黄克智、庄茁、任文敏主编:《温馨缅怀张维、陆士嘉老师文集》。

3. 清华校友总会:《清华校友通讯》。

4.《校友文稿资料选编》,北京:清华大学出版社 。